FEMINISMUS
IN 30 SEKUNDEN

FEMINISMUS
IN 30 SEKUNDEN

Die 50 bahnbrechendsten
Entwicklungen in der Geschichte
des Feminismus

Herausgeberin
Jess McCabe

Mit Beiträgen von
Veronica I. Arreola
Laura Bates
Red Chidgey
Shannon Harvey
Os Keyes
Gillian Love
Nadia Mehdi
Chitra Nagarajan
Minna Salami
Sarah Tobias

Illustrationen
Nicky Ackland-Snow

Librero

Titel der Originalausgabe: *30-Second Feminism*

© 2020 Librero IBP (für die deutsche Ausgabe)
Postbus 72, 5330 AB Kerkdriel, Niederlande

© 2019 Ivy Press Limited

Herausgeber: Susan Kelly
Künstlerische Leitung: Michael Whitehead
Redaktion: Tom Kitch
Gestaltung: Ginny Zeal

Aus dem Englischen von Anne Döbel
(für iMport/eXport)
Lektorat: Anika Seemann
Satz: iMport/eXport, Emden

Gedruckt und gebunden in China

ISBN 978-94-6359-276-5

INHALT

EINFÜHRUNG

Jess McCabe

Als Herausgeberin des feministischen Magazins
The F-Word bekam ich täglich Post von jungen Frauen, die gerade den Feminismus entdeckt hatten. Genauer gesagt wussten sie, dass es Feminismus gab, weil darüber gesprochen wurde – und nicht immer positiv. Aber sie hatten gemerkt, dass es im Feminismus Aspekte gibt, die ihr eigenes Leben betrafen. So wurde beispielsweise eine Schülerin in ihrer Klasse sexuell belästigt. Eine Frau musste nach einer Vergewaltigung das juristische System ertragen. Und sehr oft schrieben mir Frauen, dass sie sich bemühten, damit ihre Körper den gesellschaftlichen Ansprüchen genügten, sie sich aber lieber mit sich wohlfühlen, also auf tieferer Ebene mit sich selbst im Reinen sein wollten.

Während ich an diesem Buch arbeitete, beobachtete ich einen explosionsartigen Anstieg an feministischer Aktivität, verbreitet über die sozialen Medien. Dort finden sich Tausende persönlicher Geschichten über sexuelle Belästigung und Gewalt, unter anderem bei #MeToo und #MeuPrimeiro-Assedio (#MeineErsteBelästigung). Die sozialen Medien quellen nur so davon über, sie lassen sich nun nicht länger ignorieren. Das ist gelebter Feminismus: Frauen erzählen über ihr Leben und verwenden das Gelernte, um die Welt zu verändern.

Feminismus setzt sich aus den Bausteinen unseres ganz normalen Lebens zusammen, dennoch kann es schwerfallen, ihn zu verstehen. Welches sind die grundlegenden feministischen Ideen? Was bedeuten Begriffe wie „Patriarchat" und „Intersektionalität"? Wie sind sie aus den Lebensumständen von Frauen überall in der Welt entstanden – aus einem Mangel an Grundrechten oder aus Online-Einschüchterung? Und wie setzen Aktivisten diese Ideen um? Es folgt eine knappe Einleitung, um einige Fragen zu beantworten und den Feminismus zu entmystifizieren.

Eine Bemerkung zum Aufbau: Das Buch ist so angelegt, dass Sie durch die einzelnen Themen blättern können und dort stoppen, worauf Sie gerade Lust haben, ohne sich an Seitenzahlen halten zu müssen. Jedes Thema ist in etwa 300 Wörtern auf jeweils einer Seite zusammengefasst. Wir haben uns um eine

verständliche Sprache bemüht und Fachjargon weitestgehend herausgelassen. Jede Seite ist unterteilt in einen 3-Sekunden-Anriss mit dem wichtigsten Stichwort und etwas ausführlicher in einer 30-Sekunden-Info und einer 3-Minuten-Erklärung. Jedes der sieben Kapitel beginnt mit einer der Kernideen des Feminismus und deren Herkunft. Ich habe es bewusst vermieden, mich dabei auf weiße, westliche Frauen zu konzentrieren, und eine möglichst große Bandbreite an feministischen Gedanken und Aktionen ausgewählt.

Der erste Abschnitt, **Feminismus im Lauf der Geschichte**, gibt einen kurzen Überblick über die Entwicklung der Bewegung. Einen richtigen „Startpunkt" gibt es dabei nicht – durch die Geschichte hindurch haben sich viele Frauen auf ihre Weise den verschiedenen Formen des Sexismus entgegengestellt. Wir haben dies an den Anfang gestellt, weil feministische Ideen nicht aus ihrem historischen Kontext gelöst werden können. Das gilt für die ersten Kampagnen in Europa für die Rechte von Frauen, die keinen Besitz haben, nicht erben, nicht wählen oder eine Ehe beenden duften und auch nicht das Sorgerecht für ihre Kinder bekamen. Genauso gilt das für die Entstehung des postkolonialen Feminismus als Antwort auf den eingeschränkten feministischen Aktivismus der 1970er Jahre und auch auf den heutigen Online-Feminismus, der dank der Unmittelbarkeit der sozialen Medien die Geschichten der Frauen in bisher ungekannter Breite in die Öffentlichkeit gerückt hat – mit radikalen Folgen.

Das nächste Kapitel, **Der Kampf um die Gleichheit**, behandelt das Ringen um grundlegende Rechte und die Gleichheit vor dem Gesetz. Ausschlaggebend ist die Anerkennung der Gleichheit von Mann und Frau, wie Mary Wollstonecraft in *Zur Verteidigung der Frauenrechte* feststellt. Diese Überzeugung führte zur Forderung nach dem Wahlrecht, nach gleicher Bezahlung, verbesserten Arbeitsbedingungen und internationalen Gesetzänderungen. Stationen dahin waren unter anderem die öffentliche Anklage von sexueller Belästigung am Arbeitsplatz durch Anita Hill in den 1990er Jahren und die Rolle des Feminismus bei der Bildung unabhängiger Bewegungen. Aber natürlich geht es im Feminismus um viel mehr als rechtliche Gleichstellung.

Daher heißt das nächste Kapitel **Das Persönliche ist politisch**. Das war einer der Schlachtrufe der Frauenbefreiungsbewegung in den 1960ern und 1970ern und ist auch heute noch tief im Feminismus verankert.

Im nachfolgenden Kapitel **Gegen das Patriarchat** ist zu lesen, wie die feministische Theorie die Rolle der männlichen Vorherrschaft in Gesellschaft und Kultur zerpflückt hat und beschreibt die Auswirkungen. Hier geht es auch darum, wie durch den Feminismus das Verständnis von sexueller und zwischenmenschlicher Gewalt als Ausdruck patriarchalischer Unterdrückung und nicht als individuelles Verbrechen gebildet wurde.

Natürlich darf der Kampf um die Selbstbestimmung über den eigenen Körper in einem feministischen Buch nicht fehlen. **Mein Körper, meine Entscheidung** geht diesem Thema auf den Grund, Schwangerschaftsabbrüche und mehr kommen zur Sprache. Feministen haben erfolgreich Themen rund um Sexualität, Verhütung und Abbruch während Schwangerschaft und Arbeit auf eine rechtliche Basis gehoben.

Das nächste Kapitel heißt **Schwesternschaft** und behandelt eine der Kerndebatten des Feminismus im 20. und 21. Jahrhundert: Für wen ist der Feminismus? Warum scheint sich ein großer Teil des feministischen Aktivismus nur um weiße, privilegierte, westliche Frauen zu drehen?

Eine Bewegung des Protests schließt den Themenreigen ab, wir blicken auf einige Aktivistinnen und Bewegungen, die den Feminismus entscheidend geformt haben. Wie sieht Aktivismus aus? Welche Erfolge wurden erzielt?

Dieses Buch stellt die wesentlichen Theorien und Analysen feministischer Gedanken vor. Aber dies ist nur ein Anfang. Es wäre fantastisch, wenn wir Sie dadurch auf den Geschmack bringen und Ihre Neugier wecken könnten. Feminismus wird häufig kleingeredet, Feministen werden ins Lächerliche gezogen, unterdrückt und sogar eingesperrt. Dennoch haben sich feministische Ideen weltweit verbreitet, haben Wirtschaftssysteme, Literatur und Kunst verändert und sogar Einfluss darauf genommen, wie wissenschaftliche Experimente durchgeführt oder Gebäude entworfen werden. Der Feminismus hat die Welt verändert. Wie? Lesen Sie weiter, um das herauszufinden.

FEMINISMUS IM LAUF DER GESCHICHTE

FEMINISMUS IM LAUF DER GESCHICHTE
GLOSSAR

#MeToo Online-Kampagne, 2005 von Tarana Burke initiiert: Frauen tauschen ihre Übergriffs-erlebnisse aus.

alternative Rechte Rechtsgerichtete, haupt-sächlich online aktive Bewegung aus den USA mit radikalen Vorstellungen, gehört zum weißen Nationalismus.

Ausruferkultur Ein Internet-Phänomen: Menschen werden namentlich angeprangert, wenn sie sich mutmaßlich der Bigotterie, des Missbrauchs oder Fehlverhaltens, einschließlich Sexismus, schuldig gemacht haben.

Basisaktivismus Aktive Kampagne, um Veränderungen herbeizuführen, stützt sich auf das Recht der Redefreiheit und freien Meinungsäußerung.

Cisgender Menschen, die sich mit dem Geschlecht identifizieren, mit dem sie geboren wurden.

dritte Welle des Feminismus Dynamische Bewegung der 1990er Jahre, mischte autobio-grafische Erfahrungen mit Kulturpolitik.

Dritte-Welt-Feminismus Fußt auf Ideologien und soziokulturellen Faktoren der Dritten Welt, nicht vom Westen übernommen.

E-bile E-Mail mit wütendem, hasserfülltem Inhalt.

Emanze Verächtliche Bezeichnung für militante oder vermeintlich militante Feministen.

erste Welle des Feminismus Frauenwahlrecht-bewegung. Ziele waren Frauenrechte und eine neue Definition des „Frauseins".

farbige Frauen Politischer Begriff, der alle farbigen Frauen umfasst, stammt aus der Bewegung Gewalt gegen Frauen, seit den 1970ern für alle Frauen von Minderheiten, die aufgrund des gemeinsamen Merkmals Rasse und Ethnie ausgegrenzt werden.

feministische Blogosphäre Blogs und Blogger mit feministischen Themen.

die Frauenfrage Bezieht sich auf eine Debatte vom 15. bis ins 18. Jahrhundert über die Natur der Frauen sowie auf spätere feministische Kampag-nen für gesellschaftliche Veränderungen.

Frauengeschichte Begriff aus den 1970ern, der darauf aufmerksam machte, dass Historiker Frauen in der Geschichte weitgehend ignorieren.

Geschlechtergleichstellung Einbeziehung der Gleichstellung der Geschlechter in die Politik.

die „Großen Drei" Feministische Theorie, die besagt, dass Patriarchat, Kapitalismus und Sozialisierung die Ursachen für weibliche Unterdrückung sind.

Hashtag-Politik Kategorisieren von Tweets durch politisch motivierte Labels – oder # , um Unterstützung oder Ablehnung für Ansichten oder Bewegungen zu demonstrieren.

liberale Feministen Glauben, dass geschlechtsspezifische Klischees, ungleiche Teilhabe und Diskriminierung die Gleichberechtigung behindern.

Männerrechtsaktivisten (MRA) Entschieden antifeministische Bewegung.

marxistische Feministen Werfen dem Kapitalismus die Unterdrückung von Frauen vor, weil er auf sie als kostenlose Arbeitskräfte baut und Arbeit ungleich vergeben wird.

Neue Linke Radikale politische Bewegung des Westens in den 1960ern und 1970ern, setzte sich für viele soziale Themen wie Bürgerrechte und Feminismus ein.

Patriarchat Herrschaftssystem der Männer über die Frauen.

radikale Feministen Glauben, dass die Wurzel der Frauenunterdrückung im Patriarchat liegt.

Riot Grrrls Überbegriff für Frauen, die als Reaktion auf die männlich dominierte Rock- und Punkrock-Szene eine eigene feministische Punkrichtung schufen.

schwarzer Feminismus hat den Fokus darauf, dass Rassismus und Sexismus soziale Probleme und Unterschiede schaffen, will schwarze Frauen stärken.

sozialistischer Feminismus Entstand aus der Neuen Linken der 1960er und 1970er Jahre, mit Augenmerk auf der Vernetzung von Patriarchat und Kapitalismus.

staatlicher Feminismus Vom Staat geförderter Feminismus.

Trolle (Internet) Provozieren und spalten, indem sie aufhetzende und beleidigende Nachrichten über soziale Medien verbreiten.

vierte Welle des Feminismus Aufleben des Feminismus im 21. Jahrhundert, bindet Soziale Medien ein.

Wahlrecht Das Recht, die Stimme bei politischen Wahlen abzugeben.

zweite Welle des Feminismus Bewegung der 1960er bis 1980er, die häusliche und berufliche Probleme behandelte.

WAHLRECHT & FRÜHER FEMINISMUS

in 30 Sekunden

VERWANDTE THEMEN
Siehe auch
ZUR VERTEIDIGUNG DER FRAUENRECHTE
Seite 44

SENECA FALLS
Seite 46

WAHLRECHT & ABOLITIONISMUS
Seite 48

3-SEKUNDEN-ANRISS
Mitte des neunzehnten Jahrhunderts begannen Frauen überall auf der Welt, Bewegungen zur Sicherung ihrer kulturellen, sozialen und wirtschaftlichen Rechte zu gründen.

3-MINUTEN-INFO
Der Kampf um das Wahlrecht erstreckte sich weltweit vom 19. bis ins 21. Jahrhundert. Frauen in Neuseeland waren 1893 die ersten, die wählen durften. Australien folgte 1902, aber nur für weiße Frauen. Aborigines mussten bis 1962 warten. Aserbaidschan führte das Frauenwahlrecht 1918 ein, die USA 1920, Afroamerikanerinnen durften erst 1965 wählen. In Saudi-Arabien wählten Frauen 2015 zum ersten Mal.

Stellen Sie sich vor, Sie besäßen in den Augen der Gesellschaft keinerlei Rechte. Das Schicksal Ihrer Kinder läge allein in den Händen Ihres Ehemannes, so wie das Ihres Körpers. Sie dürften keinen Besitz haben und nicht gleichberechtigt an Bildung und sozialem Leben teilhaben. Sie würden als kindisch und irrational gelten. Sie hätten im Alltag und in der Politik nicht mitzureden, das wäre Sache der männlichen Autoritäten wie Väter, Ehemänner, religiöse Führer und von Männern beschlossene Gesetze. Der Gedanke, Frauen dürften wählen, riefe Hohn und Aggressionen hervor. Der Begriff Feminismus entstand 1895 in Frankreich als Reaktion auf eben solche Umstände und wurde zum Synonym für die Emanzipation der Frauen. Seit Mitte der 1860er Jahre kämpfen Frauen und ihre männlichen Verbündeten weltweit gemeinsam und beharrlich für ihre politische, wirtschaftliche, soziale und kulturelle Anerkennung und Vertretung. Das Frauenwahlrecht markiert einen Wendepunkt in diesem Kampf um Gleichberechtigung. Die Bewegung ist als erste Welle des Feminismus bekannt. Sie entstand zur Blütezeit der Kolonialherrschaft, trat nicht nur für die Rechte von Frauen ein, sondern verlangte von der Gesellschaft, ihr Bild von Weiblichkeit und Frausein zu überdenken und niederzureißen.

3-SEKUNDEN-BIOGRAFIE
EMMELINE PANKHURST
1858–1928
Führte die Women's Social and Political Union an und rief zu Guerilla-Aktionen gegen die britische Regierung auf. Sie kämpfte 50 Jahre lang für das Wahlrecht der Frauen.

TANG QUNYING
1871–1937
Mutmaßliche Führerin der militanten Women's Suffrage Alliance in der noch jungen Chinesischen Republik.

30-SEKUNDEN-TEXT
Red Chidgey

Weltweit wandten Frauen militante, aber auch friedliche Methoden an, um für ihr Wahlrecht zu kämpfen.

DIE FRAUEN-BEFREIUNGS-BEWEGUNG

in 30 Sekunden

3-SEKUNDEN-ANRISS
Die Frauenrechtsbewegung
forderte von Regierungen
die Durchsetzung der
Gleichberechtigung und
verbündete sich weltweit,
um die allgegenwärtige
Unterdrückung der Frauen
abzuschaffen.

3-MINUTEN-INFO
Die Frauenbefreiungsbewe-
gung verbreitete ihre Ideen
über Zeitschriften,
Zeitungen, Bücher und
Kunst. Sie sagten, das
Persönliche sei politisch
und zielten direkt auf
intime Bereiche ab, denn
geschlechtsspezifische
Erwartungen und
Erfahrungen finden im
Alltag statt. Immer wieder.
Aktivisten schufen eigene
Medien, politische
Gruppen, Unternehmen,
Familienstrukturen und
neue Vorstellungen vom
„Frausein" und veränderten
die Geschlechterpolitik
immens.

Aus dem Aufruhr der Neuen

Linken und der Bürgerrechtsbewegung entstand in den 1960er und 1970er Jahren die
Frauenbefreiungsbewegung (FBB), die Ge-
schlechterfragen in den Mittelpunkt rückte.
Feministen ließen sich nicht weiter damit
hinhalten, dass spätere Umwälzungen sie
mitnehmen würden und gründeten ihre eigene
Bewegung. Eine grimmige, intellektuelle Energie
trieb sie dazu, sich die Geschlechterrollen in
allen Aspekten vorzunehmen, von der Hausarbeit bis zu Haftbedingungen von Frauen. Die
Aktivistinnen in Westeuropa und Nordamerika
waren am effektivsten, wenn sie dezentralisiert
und gemeinsam handelten. Zwar hatte jede
Nation ihre spezifischen Prioritäten, aber ihre
Schlüsselforderungen fanden sich überall:
gleiche Bezahlung, gleiche Ausbildungs- und
Arbeitsbedingungen, freie Empfängnisverhü-
tung und das Recht auf Schwangerschaftsabbruch, rechtliche und finanzielle Unabhängigkeit
für alle Frauen, eine selbstbestimmte Sexualität
und Befreiung von sexuellem Missbrauch und
sexueller Nötigung. Die Forderungen dieser
Bewegung finden sich als ungelöstes Erbe auch
heute noch in Einkommensunterschieden,
konservativen Abtreibungsdiskussionen und der
#MeToo-Bewegung gegen sexuelle Belästigung
am Arbeitsplatz sowie Vergewaltigung wieder.

VERWANDTE THEMEN
Siehe auch
BEWUSSTSEINSBILDUNG
Seite 62

PATRIARCHAT
Seite 76

WER GEHÖRT ZUR
SCHWESTERNSCHAFT?
Seite 114

3-SEKUNDEN-BIOGRAFIE
ANTOINETTE FOUQUE
1936–2014
Gründete nach den Studenten-
protesten im Mai 1968 die
französische Frauenbefreiungsbewegung.

GERMAINE GREER
1939–
Australische Schriftstellerin
und Provokateurin, wurde
durch ihren Bestseller *Der
weibliche Eunuch* zum Gesicht
der FBB .

30-SEKUNDEN-TEXT
Red Chidgey

*Feministischer Aktivismus
hat sehr viel dazu
beigetragen, Politik und
Ansichten zu verändern.*

WOMANISMUS

in 30 Sekunden

Eine schwarze oder farbige

Feministin. Eine Frau, die andere Frauen liebt – sexuell oder nicht sexuell. Eine Frau, die sich bedingungslos für das Wohl und Überleben von Männern *und* Frauen und das eigene einsetzt. So prägte Alice Walker in ihrer Essay-Sammlung *Auf der Suche nach den Gärten unserer Mütter* (1983) den Begriff „Womanismus". Als Antwort auf die Frauenbefreiungsbewegung und den Sexismus der Black-Power-Bewegung entstand in den 1970ern und 1980ern feministische, schwarze Literatur, Kreativität und Kunst, die Erfahrungen und politische Meinungen von farbigen Frauen zum Thema hatte. Walker schuf ein lebendiges, neues Konzept, den Womanismus, als Ausdruck dessen, wie viel Erfindungsgabe und Mut nötig sind, um eine starke Koalition zu schaffen, die ihre Wurzeln im Alltag der schwarzen Bevölkerung hatte. Sie beschrieb das Verhältnis von Womanismus und Feminismus mit ihrem berühmten Zitat: „Womanismus verhält sich zu Feminismus wie Violett zu Lavendel".

VERWANDTE THEMEN
Siehe auch
INTERSEKTIONALITÄT
Seite 72

AUDRE LORDE
Seite 124

SCHWARZER FEMINISMUS
Seite 126

3-SEKUNDEN-BIOGRAFIE
ALICE WALKER
1944–
Dichterin, Schriftstellerin, Aktivistin und Autorin von *Die Farbe Lila*.

CLENORA HUDSON-WEEMS
1945–
Akademikerin und Autorin von *Africana Womanism: Reclaiming Ourselves*.

PATRICIA HILL COLLINS
1948–
Akademikerin, Aktivistin und Autorin von *Black Feminist Thought*.

30-SEKUNDEN-TEXT
Red Chidgey

Der Womanismus ist eine Reaktion auf den Feminismus weißer Frauen, von denen sich nicht alle Frauen vertreten fühlten.

3-SEKUNDEN-ANRISS
Womanismus ist ein kreativer und politischer Aufruf zur Anerkennung der Rechte schwarzer Feministinnen und zu neuen Betrachtungsweisen der gelebten Erfahrungen und Kämpfe farbiger Frauen.

3-MINUTEN-INFO
Schwarze feministische Gelehrte kritisieren den Womanismus. Patricia Hill Collins argumentiert, dass der Begriff sich nur auf afroamerikanische Frauen bezieht, wohingegen „schwarzer Feminismus" alle farbigen Frauen umfasst. Clenora Hudson-Weems propagiert den Ausdruck „Africana Womanism" für alle Frauen afrikanischer Abstammung. Der auf Afrika gezielte Bereich fokussiert Selbstbestimmung, Auflehnung gegen männliche Unterdrückung, schwarze Schwesternschaft, Authentizität, Familie und Spiritualität.

DIE DRITTE WELLE

in 30 Sekunden

Die Geschichte des Feminismus

verzeichnet Höhen und Tiefen, neue Generationen von Feministen knüpften an alte Bewegungen an oder brachen mit ihnen. Auf den ersten Seiten ihres Bestsellers *Der weibliche Eunuch*, das Germaine Greer während der ersten Zeit der Frauenbefreiung schrieb, findet sich der Hinweis, dass das Buch Teil der zweiten feministischen Welle war. Der Kampf um das Wahlrecht war reformistisch, während die Befreiungsbewegung revolutionär sei, schrieb Greer. Der Feminismus der zweiten Welle fand seinen Höhepunkt in den 1970ern und ebbte in den 1980ern nach Änderungen in der politischen und wirtschaftlichen Landschaft und internen Formationen ab. Amerikanische Medien erklärten in den 1990ern den Feminismus für tot und forderten seine Neubelebung. Neue Aktivisten traten auf und nannten sich Riot Grrrls und Dritte-Welle-Feministinnen. Sie setzten Musik und Fanmagazine ein, um ihre Geschichten über Sexismus, Rassismus und Homophobie zu verbreiten. Sie forderten eine „intersektionale" Politik unter Einbeziehung farbiger Frauen. Die Feministen der dritten Welle wollten einen Aktivismus, der ihnen als junge Frauen und jugendliche Homosexuelle entsprach und der ihren mikropolitischen Alltag betraf.

3-SEKUNDEN-ANRISS
Entgegen der Behauptung in den 1990ern, der Feminismus sei tot, entfaltete sich eine lebendige, neue Bewegung, die eigene Erfahrung und Kulturpolitik vernetzte.

3-MINUTEN-INFO
Feministische Historikerinnen und Aktivistinnen sehen den Wert der „Wellen"-Einteilung unterschiedlich. Einige denken, dadurch werden zeitliche Unterteilungen geschaffen, die über die Komplexität der vergangenen Kämpfe hinwegtäuschen. Andere sehen darin den Ausdruck dafür, wie feministische Bewegungen durch politische, wirtschaftliche und technologische Entwicklungen beeinflusst werden. Der Dritte-Welle-Feminismus wurde kritisiert, er würde sich in erster Linie um weiße Frauen kümmern.

VERWANDTE THEMEN
Siehe auch
FRAUENBEFREIUNGS-
BEWEGUNG
Seite 18

INTERSEKTIONALITÄT
Seite 72

RIOT GRRRL
Seite 144

3-SEKUNDEN-BIOGRAFIE
REBECCA WALKER
1969–
Amerikanische Aktivistin und Tochter von Alice Walker, die 1992 mit einem Artikel in der *Ms.* den Begriff „Dritte-Welle-Feminismus" in die Medien brachte.

KATHLEEN HANNA
1968–
Amerikanische Sängerin, Künstlerin und feministische Aktivistin, die die Riot-Grrrl-Bewegung startete und für Punk-Magazine schreibt.

30-SEKUNDEN-TEXT
Red Chidgey

Die Dritte-Welle-Feministinnen forderten eine neue Geschlechterpolitik.

INSTITUTIONELLER FEMINISMUS

in 30 Sekunden

Von Anfang an gab es das vehemente Anliegen, Institutionen von Sexismus und Unterdrückung zu befreien. Das betrifft Regierungsorgane und zivile Einrichtungen wie Gewerkschaften, Universitäten, Polizei und Parlamente. Dort finden sich die unterschiedlichsten geschlechtsspezifischen Probleme. Fast überall auf der Welt waren Frauen aus allen alltagsprägenden Einrichtungen ausgeschlossen oder nur in geringer Zahl vorhanden. Feministen liegt nicht nur daran, mehr Frauen in leitende Positionen zu bringen, sie hinterfragen auch die institutionelle Arbeitskultur. So wird beispielsweise anstößiger Humor als Ausgrenzungsmittel eingesetzt, ebenso Belästigung und Stereotypen. Der Erfolg des Feminismus der zweiten Welle wurde fortgesetzt, Quoten und Gleichstellungsverordnungen eingeführt. Auf der vierten UN-Frauenkonferenz 1995 in Peking stellten Aktivisten die „durchgängige Gleichstellungsorientierung", das Gender-Mainstreaming, für alle Bereiche der öffentlichen Ordnung vor. Dieser Prozess stößt auf Gegenwehr einiger Feministen, denen die Definition der Geschlechtergleichstellung missfällt oder die sich sorgen, dass damit die Führungsarten durch weiße, heterosexuelle Männer wiederholt wird.

3-SEKUNDEN-ANRISS

Feministinnen haben eine komplizierte Beziehung mit staatlichen und sozialen Institutionen, sie fordern Änderungen in Gesetzen und Politik sowie weitere Umwandlungen.

3-MINUTEN-INFO

Zwischen 2005 und 2017 stieg die Anzahl der Länder mit einem weiblichen Staatsoberhaupt von acht auf siebzehn, laut der Interparlamentarischen Union. In den Parlamenten stellen Frauen weltweit einen Anteil von gut 23 Prozent. Mehr als 50 Prozent der Ministerposten sind in Bulgarien, Frankreich, Nicaragua, Schweden und Kanada mit Frauen besetzt.

VERWANDTE THEMEN

Siehe auch
FEMINISMUS & INTERNATIONALES RECHT
Seite 54

FEMINISTISCHE ÖKONOMIE
Seite 74

FRAUENHÄUSER
Seite 82

3-SEKUNDEN-BIOGRAFIE

BENAZIR BHUTTO
1953–2007
Die erste Frau der neueren Geschichte, die als Premierministerin Pakistans Oberhaupt eines muslimischen Staats war.

JACINDA ARDERN
1980–
Premierministerin von Neuseeland und erste Staatschefin, die ihr Baby zu einer UN-Versammlung mitbrachte.

30-SEKUNDEN-TEXT

Red Chidgey

Feminismus bringt patriarchalische Aspekte in Institutionen zutage und hinterfragt sie.

STRÖMUNGEN DER FEMINISTISCHEN THEORIE

in 30 Sekunden

Feministischer Aktivismus führte zur Entwicklung der akademischen Theorien des Feminismus. Sie sollten die Ursachen für die Ungleichheit der Geschlechter beleuchten und Wege daraus finden. Ihre Blütezeit folgte auf die Einführung der Frauenforschung an den Universitäten – im Westen in den 1970ern und 1980ern. Dabei entwickelten sich „die drei großen" gedanklichen Strömungen mit verschiedenen Sichtweisen über Veränderung von Machtverhältnissen und sexistische Macht. Radikale Feministen sehen die Wurzel der Unterdrückung im Patriarchat – der Herrschaft von Männern über Frauen. Frauen werden dabei als sexuelle Klasse angesehen. Ungleichheiten entstehen durch soziale Strukturen, denen die weibliche Biologie zugrunde liegen. Kernfamilie, sexuelle Gewalt und Pornografie sind die Hauptthemen. Marxistische Feministinnen sehen den Anker der Unterdrückung im Kapitalismus, der sich auf die unbezahlte Arbeitsleistung der Frauen und der ungleich verteilten Teilhabe an der Arbeitswelt stützt. Um die Geschlechterunterschiede aufzuheben, muss der Kapitalismus abgeschafft werden. Liberale Feministen erkennen keine übergeordnete Struktur an. Stereotypen, unterschiedliche Teilhabe am gesellschaftlichen Leben und diskriminierendes Verhalten fördern die Ungleichheit. Ein behutsamer, demokratischer Prozess ist nötig, um diesen Missständen entgegenzuwirken.

3-SEKUNDEN-ANRISS
Für die „Großen Drei" der Feministischen Theorie – radikaler, marxistischer und liberaler Ansatz – sind Patriarchat, Kapitalismus oder Sozialisierung Gründe der Unterdrückung.

3-MINUTEN-INFO
Die Feministische Theorie wird laufend diskutiert. Einige Ursachen (wie das Patriarchat) werden heute als ahistorisch und verwesentlicht angesehen – nicht alle Männer haben Macht über Frauen. Die feministische Theorie muss Ungerechtigkeiten für alle Geschlechter, Klassen, sexuellen Ausrichtungen, Religionen, Nationen, „Rassen" und Benachteiligungen beachten. Die „Großen Drei" sind ebenfalls nicht unverrückbar. Sozialistische Feministinnen sehen die Unterdrückung der Frauen sowohl im Patriarchat als auch im Kapitalismus.

VERWANDTE THEMEN
Siehe auch
POSTKOLONIALER FEMINISMUS
Seite 28

VOM PATRIARCHAT ZUR KYRIARCHIE
Seite 92

QUEERER FEMINISMUS
Seite 130

3-SEKUNDEN-BIOGRAFIE
MARY WOLLSTONECRAFT
1759–1797
Autorin von *Zur Verteidigung der Frauenrechte*, ein Grundtext des liberalen Feminismus.

FRIEDRICH ENGELS
1820–1895
Sein Buch *Der Ursprung der Familie, des Privateigentums und des Staats* erschien 1884. Er führt an, dass sich die Unterdrückung der Frauen zugleich mit der Klassengesellschaft entwickelte.

30-SEKUNDEN-TEXT
Red Chidgey

Die „Großen Drei", die Denkrichtungen, beziehen sich auf radikale, marxistische und liberale feministische Theorien.

POSTKOLONIALER FEMINISMUS

in 30 Sekunden

Postkoloniale Feministen kritisieren die lange Geschichte globaler Herrschaft, Kolonisierung und des Imperialismus durch die europäischen Länder und deren andauernden und brutalen Folgen bis heute. Ob Siedlungen gegründet oder Dependancen zur Verwaltung oder Umsiedlung von Einheimischen eingerichtet wurden – sie gingen einher mit sexualisierter, rassistischer und geschlechtsdiskriminierender Logik. Dazu gehörte der Anspruch, die eingeborenen und kolonisierten Nationen zu „zivilisieren" oder wie der Gelehrte Gayatri Spivak es ausdrückt „die braunen Frauen vor den braunen Männern zu schützen". Postkoloniale Feministinnen stehen dem westlichen Feminismus mit seiner feministischen Theorie kritisch gegenüber. Die frühen Frauenbewegungen im Westen konspirierten mit dem ideologischen und materiellen Imperialismus, um die eigenen Ziele umzusetzen, beispielsweise als es im späten neunzehnten, frühen zwanzigsten Jahrhundert um das Frauenwahlrecht ging. Nicht nur die Geschichte beschäftigt die Postkolonialisten, auch, wie neokoloniale Beziehungen entstehen. Eine Wiederbelebung der feministischen, postkolonialen Sichtweise in Bezug auf rassistische Medien und Diskussionen um Verschleierung, Flüchtlinge, Verstümmelung von weiblichen Genitalien, Asylvergabe und Sexhandel ist in unseren Zeiten wieder notwendig geworden.

3-SEKUNDEN-ANRISS
Postkolonialer Feminismus steht der Ausrichtung „der Westen" und „der Rest" der euroamerikanischen feministischen Theorie mit seinem Aktivismus kritisch gegenüber.

3-MINUTEN-INFO
Der postkoloniale Feminismus ist mit dem der Dritten Welt, von kolonisierten und einkommensschwachen Ländern und mit dem transnationalen Feminismus mit länderübergreifenden Ideen und Bewegungen verbunden. Es gibt den Trend, den Feminismus zu entkolonisieren, um seine Positionen bezüglich sozialer Gerechtigkeit und Solidarität über die Einschränkungen Rasse, Geschlecht, Sexualität, Klasse, Nation und Staatsangehörigkeit neu zu überdenken und nicht im globalen Norden und den globalen Süden zu verankern.

VERWANDTE THEMEN
Siehe auch
FRAUEN IN UNABHÄNGIGKEITSBEWEGUNGEN
Seite 52

IMPERIALER FEMINISMUS
Seite 128

DER AUFSTAND DER ABA-FRAUEN
Seite 140

3-SEKUNDEN-BIOGRAFIE
GAYATRI SPIVAK
1942–
Führt an, dass westliche Frauen die Unterdrückung für alle Frauen gleich sehen.

TRINH T. MINH-HA
1952–
Filmemacherin, die sich um die weibliche Identität für Dritte-Welt-Länder bemüht.

CHANDRA TALPADE MOHANTY
1955–
Vertritt einen entkolonisierten, antirassistischen und antikapitalistischen Ansatz.

30-SEKUNDEN-TEXT
Red Chidgey

Der Kolonialismus ist per se ungerecht und ausbeutend.

FEMINISTISCHES GEDENKEN

in 30 Sekunden

3-SEKUNDEN-ANRISS
Unterdrückung funktio-
niert durch das Auslöschen
von Lebensgeschichten
und die Mühsale
ausgegrenzter Gruppen.

3-MINUTEN-INFO
Feministische Geschichte
und feministisches
Gedenken sieht nicht nur in
die Vergangenheit.
Frauengeschichte kann
Wissenslücken füllen.
Durch das Gedenken
entstehen Ressourcen für
die Gegenwart und die
Zukunft. Künstler und
Autoren spielen dabei eine
Sonderrolle, da sie mit
ihrem Werk Erinnerungen
bewahren und Geschichten
generieren, anhand derer
wir die Fähigkeiten und
Leistungen von Frauen neu
bewerten können.

Aus den 1970er Jahren stammt
der Begriff „Frauengeschichte", der darauf
aufmerksam macht, in welchem Ausmaß Frauen
von der Geschichtsschreibung ignoriert werden.
Feministen bauen Ressourcen zum Beispiel
durch geführte Interviews auf, um das Leben
von Frauen und anderen in der Geschichte an
den Rand gedrängten Gruppen zu archivieren.
Dies und der Erwerb neuer geschichtlicher
Erkenntnisse gehören zu den Schlüsselpunkten
ihrer Arbeit. Neben der Aufarbeitung der
vergessenen Geschichte der Frauen – oder
„Herstory" – ist für Feministen das Gedenken
ein wichtiges Mittel, an vergangenes Frauenle-
ben zu erinnern, um eine bessere Zukunft zu
gestalten. Zwischen 1410 und 1414 verfasste die
Schriftstellerin Christine de Pizan ein illustriertes
Werk, *Das Buch von der Stadt der Frauen*. Darin
findet sich eine Unterhaltung der Autorin mit
drei personifizierten Tugenden: Vernunft,
Rechtschaffenheit und Gerechtigkeit. Die
Tugenden instruieren de Pizan, eine allegorische
Stadt zu bauen, in der Frauen Schutz finden –
die Mauern und Türme bestehen aus den
Errungenschaften der Frauen. Sie waren
Kriegerinnen, Erfinderinnen, Gelehrte, Prophe-
tinnen, Künstlerinnen und Heilige. *Das Buch von
der Stadt der Frauen* betont, wie wichtig es auf
dem Weg zur Gleichheit der Geschlechter ist,
den Leistungen der Frauen zu gedenken.

VERWANDTE THEMEN
Siehe auch
WOMANISMUS
Seite 20

3-SEKUNDEN-BIOGRAFIE
SHEILA ROWBOTHAM
1943–
Historikerin und bedeutende
Autorin, dokumentierte, wie
Arbeit und Familie die Kämpfe
der Frauen geformt haben.

MARUSYA BOCIURKIW
1958–
Ukrainisch-kanadische
Professorin und Künstlerin,
baute das Laboratory of
Feminist Memory auf, ein
Online-Archiv für feministische
Kunst.

SISTERS UNCUT
2014–
Die Gruppe verwendet Slogans
und Symbole der ersten Welle,
um die Medien auf Einsparun-
gen im Kampf gegen häusliche
Gewalt aufmerksam zu
machen.

30-SEKUNDEN-TEXT
Red Chidgey

*Ein Text aus dem
Mittelalter beschreibt eine
Stadt, die aus den
Errungenschaften von
Frauen erbaut wurde.*

DER AUFSTIEG DES ONLINE-FEMINISMUS

in 30 Sekunden

3-SEKUNDEN-ANRISS
Die digitalen Möglichkeiten sind eine Erweiterung des feministischen Werkzeugkastens, schaffen aber gleichzeitig neuen Raum für Frauenhass.

3-MINUTEN-INFO
Der größte Vorteil des Online-Feminismus ist die Verfügbarkeit neuer Räume für Diskussionen und Kampagnen, das Umgehen von Mainstream-Gatekeepern sowie die uneingeschränkte Reichweite. Der Nachteil ist sein prekärer Standpunkt: Er bedient sich Unternehmensplattformen wie Twitter und Facebook, während er gleichzeitig auf die Mediengiganten schießt, damit deren Gender-Politik verbessert wird.

Zu Beginn des 21. Jahrhunderts wurden digitale Medien zu den wichtigsten organisatorischen Mitteln, die erheblich zur Verbreitung beitrugen. Feministische Blogs ersetzten weitgehend selbstpublizierte Magazine als zentrale Organe zur Bildung von feministischen Netzwerken und zum Austausch von Ideen. Blogs wiederum wurden später größtenteils durch soziale Medien verdrängt. Durch die „Hashtag-Politik" entstand eine neue Sichtbarkeit für Alltagserfahrungen wie sexuelle Gewalt. Das Internet ist ein kulturell zwiespältiger Raum: Die sozialen Medien haben eine „Ausruferkultur" hervorgebracht, die im Zuge der #MeToo-Bewegung sexuelle Belästigung sichtbar, teilbar und verfolgbar gemacht hat. Gleichzeitig kann dort frauenfeindliche Hetze unkontrolliert eskalieren. Die Aktivistinnen Laura Bates und Soraya Chemaly forderten 2013 Facebook auf, sich um Inhalte von Usern zu kümmern, die sexuelle und häusliche Gewalt befürworteten. Das multinationale Unternehmen reagierte mit dem bahnbrechenden Entschluss, seine Richtlinien und Bestimmungen bezüglich Hassreden zu überarbeiten und die Ausbildung seiner Moderatoren zu verbessern. Das Internet ist für die Organisation und internationale Kampagnen zum entscheidenden Faktor geworden, wie beim SlutWalk gegen sexuelle Gewalt und dem Women's March als Protest gegen den Amtsantritt von US-Präsident Donald Trump.

VERWANDTE THEMEN
Siehe auch
ALLTAGSSEXISMUS
Seite 70

VERGEWALTIGUNGSKULTUR
Seite 88

#FEMINISMUS
Seite 152

3-SEKUNDEN-BIOGRAFIE
SORAYA CHEMALY
seit 2000–
Direktorin des Women's Media Center Speech Project und ausgezeichnete Autorin, die für sicherere Online-Räume für Frauen plädiert.

TERESA SHOOK
seit 2016–
Hawaiianische Anwältin im Ruhestand, Gründerin der Protestaktion Women's March in Washington, der über Facebook als Reaktion auf die Wahl Donald Trumps als US-Präsident organisiert wurde.

30-SEKUNDEN-TEXT
Red Chidgey

Das Einmischen von Frauenorganisationen kann zu veränderten Richtlinien von Mediengiganten führen.

15. September 1977
In Enugu, Nigeria, als fünftes von sechs Kindern von Grace Ifeoma und James Nwoye Adichie geboren

1995
Medizinstudium an der University of Nigeria

1996
Wandert in die USA aus, um Politikwissenschaften an der Drexel University, Philadelphia, zu studieren

2005
Ihr Erstwerk *Blauer Hibiskus* erhält viele Auszeichnungen, unter anderem den Commonwealth Writers' Prize

2008
Masterabschluss in Afrikanischen Studien an der Yale University

2015
In Schweden erhalten alle 16-jährigen Adichies Buch *Mehr Feminismus!*, um zu Geschlechtergleichheit anzuregen

2017
Inspiriert durch einen Freund bringt Adichie *Liebe Ijeawele: Wie unsere Töchter selbstbestimmte Frauen werden* heraus, das Strategien für starke Kinder vorträgt

CHIMAMANDA NGOZI ADICHIE

Chimamanda Ngozi Adichie wird weltweit als Ikone des Feminismus und als Intellektuelle mit frischen Ideen gefeiert. Einige ihrer Erzählungen, die vom Leben in Nigeria und den USA handeln und die in mittlerweile über 30 Sprachen übersetzt wurden, erhielten Auszeichnungen. In den öffentlichen Blickpunkt rückte sie für ihre Ansichten zur Geschlechtergleichheit.

Adichie wuchs auf einem Universitätscampus in Nigeria auf, wo ihr Vater Statistik unterrichtete und ihre Mutter akademische Angestellte war. Bildung spielte in ihrer Familie eine wichtige Rolle und als leistungsstarke Studentin verfolgte Adichie eine wissenschaftliche Ausbildung. Erst als sie aus Studienzwecken in die USA umzog, wechselte Adichie zu den Künsten.

Später erklärte sie in Interviews, dass der Feminismus der ersten und zweiten Welle sie überhaupt nicht angesprochen hatte. Zum Feminismus kam sie nicht durch Theorien und Bücher. In ihrem Heimatland Nigeria beobachtete sie eine „sinnlose Ungerechtigkeit", denn Frauen wurden dort als Menschen zweiter Klasse angesehen und behandelt.

Ihr TED-Talk 2012 und ihr Buch *Mehr Feminismus!* brachten Adichie den Status einer internationalen Feministin ein. Berühmtheit erlangte dieser Vortrag, als Beyoncé ihn in ihrer Single „Flawless" einbaute. Als die Luxusmarke Dior 2017 ihren Slogan „Mehr Feminismus!" in der Originalversion „We Should All be Feminists" als T-Shirt-Kampagne herausbrachte, öffnete sie damit dem Feminismus die Tür zur Haute Couture.

Adichie nutzt ihre Bekanntheit, um sich für die LGBT-Gemeinde einzusetzen. Nach einem Interview auf Channel 4 erntete sie allerdings Kritik an ihrer Aussage, dass Transfrauen, die mit den Privilegien von Männern geboren, nicht dieselben Lebenserfahrungen machen wie Frauen, die von Geburt an Frauen sind (auch als Cisgender-Frauen bezeichnet).

2018 machte Adichie öffentlich, dass sie als 17-jährige, aufstrebende Autorin sexuelle Belästigung durch eine einflussreiche Person aus dem Mediengeschäft erfahren hatte. Mit einer Grundsatzrede an das Stockholm Forum for Gender Equality unterstützte sie die #MeToo-Bewegung. Sie setzt ihr schriftstellerisches Talent auch weiterhin für Geschlechtergleichheit ein, um negativen Auffassungen entgegen zu wirken, was Feministen tun und sind.

Red Chidgey

GEGENSCHLAG

in 30 Sekunden

VERWANDTE THEMEN
Siehe auch
MÄNNLICHE POLITIK
Seite 90

3-SEKUNDEN-BIOGRAFIE
SUSAN FALUDI
1959–
Preisgekrönte Autorin von
*Backlash: Die Männer schlagen
zurück* und *Männer: Das
betrogene Geschlecht*.

30-SEKUNDEN-TEXT
Red Chidgey

1991 veröffentlichte die

Preisträgerin und Journalisten Susan Faludi eine ernüchternde Bilanz, die das wachsende Phänomen des Anti-Feminismus in den Fokus rückte. In *Backlash: Die Männer schlagen zurück* nimmt Faludi die moderne Kultur unter die Lupe und deckt auf, dass die über Medien verbreiteten Mythen über Männerknappheit und leere Gebärmütter auf „schlechter Wissenschaft" beruhen, die den Frauen vermitteln sollen, dass sich ihre Situation aufgrund der FBB verschlechtert hatte. Der Gegenschlag dauert an, er ist zum generellen Konzept geworden, das beschreibt, wie Fortschritt in der Frage der Geschlechtergleichheit mit Ablehnung, Feindseligkeit und Übergriffen begegnet wird. Das führte in letzter Zeit häufiger zu Versuchen, alte Gender-Werte aufleben zu lassen. Sogar die Gesetzgebung bezüglich reproduktiver Rechte wurde attackiert, so wollte etwa Polen Schwangerschaftsabbrüche verbieten lassen. Das Internet verschafft neokonservativen und antifeministischen Diskursen Gehör. 2018 schrieb nach einer tödlichen Autoattacke in Toronto, bei der zehn Menschen starben, der Tatverdächtige auf Facebook über eine „Incel Rebellion" und bezog sich damit auf eine Online-Community, die sich „involuntarily celibate" (unfreiwillig enthaltsam) nennt, und die sich darüber beschwert, dass sie nicht den Sex bekommen, der ihnen als Männern zusteht. Daraus resultiert ihr tiefer Hass gegen Frauen.

3-SEKUNDEN-ANRISS
Fortschritte der Frauenbewegungen werden durch Angriffe auf progressivere Gesetzgebung zurückgeworfen und durch Positionierung von Männern als Opfer des Feminismus.

3-MINUTEN-INFO
Männer sind schon seit langem Verbündete von Frauen, viele nennen sich inzwischen Feministen, wohingegen die Männerrechtsaktivisten ausdrücklich antifeministisch sind. Männlichkeitsforscher verzeichnen in der Öffentlichkeit eine steigende Anzahl „wütender weißer Männer", die sich als Opfer bezeichnen. In neuerer Zeit entstand eine Seduction Community, die Anleitungen für eine psychologische Manipulation anbietet, um Frau sexuell „herumzukriegen".

Während Feministen ihr Ziel Gleichberechtigung verfolgen, beziehen einige Männer antifeministische Positionen.

GLOBALER FEMINISMUS

in 30 Sekunden

Aktivisten haben unter

Bedingungen wie Antirassismus und Sklaverei Bündnisse geformt. Dieser Basisaktivismus führte zu der Idee eines globalen Feminismus, der Gender-Erfahrungen von Menschen in solidarischen, politischen Strukturen zusammenbringen soll. Schon seit den frühen Kampagnen für das Frauenwahlrecht bestand der Plan, eine internationale Bewegung aufzubauen, da die Unterdrückung als weltweites Phänomen erkannt wurde. So definierte die Satzung des ersten internationalen Frauenrechtskongresses von 1878 die Organisation als einen „Bund von Frauen aller Rassen, Nationen, Religionen und Klassen" – theoretisch jedenfalls. Tatsächlich stand „international" eher für „westlich" und der Kongress griff auf globale Machtstrukturen zurück. Am Ende des Ersten Weltkriegs gab es immerhin Niederlassungen in Lateinamerika, Asien, Afrika und dem Mittleren Osten. Damals wie heute spiegelte das „wir" keine Harmonie wider, die Organisation war durch Imperialismus und Rassismus belastet. Durch den Krieg erfuhren Frauen und Kinder extrem viel Gewalt, dadurch wurde die Entstehung eines globalen Feminismus für einen gemeinsamen Kampf gegen das Patriarchat zu einer immer drängenderen Angelegenheit. Internationale feministische Konferenzen von 1910 bis zu den UN-Frauenkonferenzen haben die Aufgaben – und Probleme – der Basisaktivisten der Vergangenheit wieder aufgenommen.

3-SEKUNDEN-ANRISS

Meist wurzelt der Feminismus in regionalen Problemen, strebt aber stets mal mehr, mal weniger erfolgreich nach weltweiter Verbindung.

3-MINUTEN-INFO

Einige seiner größten Erfolge erzielt der Feminismus, wenn seine Kräfte weltweit zusammengezogen werden. Eindrucksvolle, globale Beispiele sind die Women's International League for Peace and Freedom (WILPF), die UN-Konvention zur Beseitigung jeder Form von Diskriminierung der Frau (CEDAW) – ein wichtiges politisches Instrument, das faktisch eine internationale Grundrechtecharta für Frauen ist -, die #1BillionRising und die #MeToo-Bewegung.

VERWANDTE THEMEN

Siehe auch
FRAUENWAHLRECHT & FRÜHER FEMINISMUS
Seite 16

FEMINISMUS & INTERNATIONALE GESETZGEBUNG
Seite 54

DIE FRAUEN AUS LIBERIA: EINE FRIEDENSBEWEGUNG
Seite 148

3-SEKUNDEN-BIOGRAFIE

WILPF
Gegr. 1915
Internationale nicht-staatliche Frauen-Friedensorganisation.

CEDAW
Gegr. 1979
Wichtiges politisches Instrument, faktisch eine internationale Grundrechtecharta für Frauen.

30-SEKUNDEN-TEXT

Minna Salami

Die Kräfte der feministischen Bewegung zu vereinen, stärkt den Kampf gegen die weltweite Unterdrückung.

DER KAMPF UM GLEICHHEIT

DER KAMPF UM GLEICHHEIT
GLOSSAR

Abolitionismus Bewegung zur Abschaffung der Sklaverei, Rassendiskriminierung und -teilung. Viele Wahlrechtsaktivisten stammen aus dieser Bewegung.

Amerikanischer Bürgerkrieg Begann 1861, hauptsächlich waren die unterschiedlichen Positionen zur Sklaverei. Föderierte und Unionstruppen kämpften bis zum Zusammenbruch 1865 gegeneinander.

Apartheidsgegner Lehnen die Politik oder das System der Apartheid ab, wie die Rassentrennung in Südafrika von 1948 bis in die frühen 1990er Jahre.

Aufklärung Europäische, später auch nordamerikanische Bewegung im späten 17. und frühen 18. Jahrhundert, Konzepte wie Vernunft, Freiheit, Toleranz und wissenschaftliche Methoden entstanden. Frauen forderten deren Gültigkeit für beide Geschlechter.

Declaration of Sentiments Manifest über Besitz, Beschäftigung und Wahlrecht für Frauen, das 1848 von 68 Frauen und 32 Männern der Seneca Falls Convention unterzeichnet wurde. Die Mitverfasserin Elizabeth Cady Stanton setzte es nach dem Modell der US-Unabhängigkeitserklärung auf.

Französische Revolution Gewaltsam herbeigeführte soziale und politische Umwälzungen in Frankreich und seinen Kolonien von 1789-1799, beendete die Monarchie. Auch Frauen protestierten unter dem Schlagwort „Freiheit, Gleichheit, Brüderlichkeit".

Frauenwahlrechtsbewegung Gegründet 1897 in Großbritannien, wollte unter Führung von Millicent Fawcett das Frauenwahlrecht mit friedlichen Mitteln durchsetzen, fand Befürworter im Parlament.

gendered (vergeschlechtlicht) Prägt den Alltag durch entweder Ausschluss von Frauen oder Dominanz von Männern.

Kalter Krieg Geopolitische Spannungen zwischen den USA und der Sowjetunion und deren Verbündete von 1947-1991, begann nach dem Zusammenbruch des Kolonialismus mit Ende des Zweiten Weltkriegs.

Kolonisierung Auf einem Gebiet mit einheimischen Völkern siedeln und die Macht übernehmen – kann gendered sein, Familien auseinanderreißen, Gemeinden zerstören und die Rechte der Frauen einschränken.

LGBT Sammelbegriff für die lesbische, schwule, bisexuelle und Transgender-Gemeinschaft.

Quäker Mitglieder der „Religiösen Gemeinschaft der Freunde", gegründet im 17. Jahrhundert in England. Anhänger glauben unter anderem, dass Gott in jedem Menschen wohnt.

Salons Versammlungen in Häusern inspirierender Gastgeber, um zu debattieren und zu diskutieren.

Seneca Falls Ort der ersten US-Frauenrechtskonvention (19.–20. Juli 1848), organisiert von Elizabeth Cady Stanton, Lucretia Mott und Mary Ann M'Clintock, gipfelte in der Declaration of Sentiments.

Sexismus Vorurteile oder Diskriminierung aufgrund von Geschlecht oder Gender, speziell gegen Frauen und Mädchen.

sexuelle Belästigung Unerwünschtes Benehmen sexueller Natur, mit der Absicht, das Opfer zu quälen, einzuschüchtern oder zu demütigen.

sexuelle Gewalt Anwendung physischer, psychischer und emotionaler Gewalt sexueller Art, die ohne Einwilligung des/der Betroffenen zugefügt wird.

SOGIE Abkürzung für sexuelle Orientierung, Genderidentität und -ausdruck, Referenzbegriff für die LGBT-Gemeinde.

Suffragetten Mitglieder einer gewaltbereiten Frauenorganisation, die für das Wahlrecht für Frauen kämpfte, gegründet 1903 in Großbritannien, angeführt von Emmeline Pankhurst. Märsche, Angriffe auf Polizisten, Bombenwürfe, Hausbrände und Hungerstreik inhaftierter Suffragetten waren ihre Kampfmittel. Emily Davison erlangte Berühmtheit, als sie sich 1913 vor das Pferd des Königs beim Derby warf und starb.

ZUR VERTEIDIGUNG DER FRAUENRECHTE (1792)

in 30 Sekunden

Die Aufklärung war die

dominierende Philosophie im Europa des 18. Jahrhunderts. Diskutiert wurden Vernunft und Wissenschaft, Freiheit, Fortschritt, konstitutionelle Regierungen und Toleranz. Viele Frauen diskutierten mit, waren Gastgeber von Salons, betrieben Cafés, traten Debattierclubs bei und verfassten Texte. Auch Mary Wollstonecraft, die sich gegen die Ansicht auflehnte, dass Frauen den Männern unterlegen seien und ihnen dienen sollten. *Zur Verteidigung der Frauenrechte* baut auf ihrem früheren Werk *Zur Verteidigung der Menschenrechte* auf. Sie argumentiert, dass Rechte per Gesetz gewährt werden und nicht aus der Tradition und wehrte sich gegen die, die Bildung für Frauen ablehnten. Sie weist darauf hin, dass Frauen kein Eigentum sein können, das durch Hochzeit den Besitzer wechselt, sondern Menschen, die rationalen Denkens fähig sind, die aber immer hübsch und lieb zu sein haben. Wollstonecraft deckte doppelte Moral auf und forderte gleichberechtigte Verantwortung für Keuschheit. Männer sollten bescheidener sein. Ihre Auffassung, dass Frauen rational sind, ihr Fokus auf Moral, ihr Lob auf die Bescheidenheit und den Fleiß der Mittelklasse und ihr Eintreten für Standesunterschiede in der Erziehung finden auch Kritiker.

Die Aufklärung brachte feministische, fortschrittliche Philosophen hervor.

SENECA FALLS

in 30 Sekunden

Seneca Falls gilt als die erste wichtige Zusammenkunft von Anführern der Frauenrechtsbewegung und des Aktivismus in der Geschichte der USA. Die Frauen, die sich dort trafen, forderten bereits seit langer Zeit Eigentum und Ausbildung für Frauen. Zu ihnen stießen Anhängerinnen des Abolitionismus, die als Frauen aus den Diskussionen um die Abschaffung der Sklaverei ausgeschlossen wurden. Diese Ausgrenzung nahmen viele Frauen zum Anlass, ihren Status zu stärken. Jahrelang hatten sie sich in Privathäusern getroffen, dann luden Elizabeth Cady Stanton, Lucretia Mott und Mary Ann M'Clintock 1848 zur Konvention nach Seneca Fall, New York ein. Hunderte von Teilnehmern besprachen einen Katalog von Problemen. Sie wollten neue politische, soziale und bürgerliche Rechte für Frauen erwirken. Am Ende unterzeichneten 100 Menschen die Declaration of Sentiments nach Vorlage der Unabhängigkeitserklärung und forderten unter anderem Eigentum, Beschäftigung und Wahlrecht für Frauen. Fast wäre das Wahlrecht nicht aufgenommen worden, denn die Spannung zwischen den radikalen Aktivisten und denen, die einen gemäßigteren Weg zur Gleichberechtigung verfolgten, war damals so groß wie heute.

3-SEKUNDEN-ANRISS
Die erste Frauenrechtskonvention in den USA fand im Juli 1848 in Seneca Falls, New York statt.

3-MINUTEN-INFO
Seneca Falls war der Katalysator für die US-Frauenrechtsbewegung. Es sollte noch weitere 72 Jahre dauern, bis Frauen durch den 19. Zusatzartikel der amerikanischen Verfassung das Wahlrecht erhielten. Mit jedem Sieg, wie beispielsweise den Erbrechten, wuchs die Bewegung, aber auch durch Kontroversen wie dem Rassismus, der farbige Frauen im Abseits hielt.

VERWANDTE THEMEN
Siehe auch
FRAUENWAHLRECHT &
FRÜHER FEMINISMUS
Seite 16

WAHLRECHT & ABOLITIONISMUS
Seite 48

3-SEKUNDEN-BIOGRAFIE
LUCRETIA MOTT
1793–1880
Abolitionistin und Förderin der Frauenrechtsbewegung, Mitorganisatorin der Seneca Falls-Konferenz.

MARY ANN M'CLINTOCK
1800–1884
Gründete mit Lucretia Mott die Frauen-Antisklaverei-Gesellschaft, war eine der Organisatoren der ersten Frauenrechtskonvention.

ELIZABETH CADY STANTON
1815–1902
Mitorganisatorin der ersten Frauenrechtskonvention in den USA. Anführerin der frühen Wahlrechtsbewegung.

30-SEKUNDEN-TEXT
Veronica I. Arreola

Die Salons rüttelten die Frauen wach und führten zu bahnbrechenden Versammlungen.

1848

WAHLRECHT UND ABOLITIONISMUS

in 30 Sekunden

Der Abolitionismus, die Bewegung

zur Abschaffung der Sklaverei, war bereits weltweit erstarkt, als sich die flügge gewordenen USA gründeten. In Amerika wurde die Bewegung von Quäkern, aufgeklärten Denkern und progressiven Christen wie Angelina und Sarah Grimké angeführt. Die Grimkés und andere Anführer wurden häufig ignoriert, da sie Frauen waren. Daraufhin organisierten sie ihre eigene Bewegung. Häufig wird behauptet, dass dies eine reine Wahlrechtsbewegung der Frauen war. Tatsächlich forderten sie ebenso das Recht der Frauen ein, Besitz und Geld von ihren Ehemännern zu erben, auf eine bessere Bildung und einiges mehr. In den Jahren vor dem Bürgerkrieg kämpften Wahlrechtler und Abolitionisten gemeinsam, so erarbeiten Frederick Douglass als Sklavereigegner und Elizabeth Cady Stanton gemeinsam eine Strategie. Als deutlich wurde, dass das allgemeine Wahlrecht in Amerika nicht durchzusetzen war, verlegte sich Stantons Wahlrechtsgruppe auf die Rassenfrage, um erfolglos das Wahlrecht der Frauen vor den männlichen Sklaven einzufordern. Die Spannung zwischen Sexismus und Rassismus besteht auch bis in die heutigen Bürgerrechts- und feministischen Bewegungen.

3-SEKUNDEN-ANRISS
Was als Zusammenarbeit der Sklavereigegner (den Abolitionisten) und der Frauenwahlrechtsbewegung gedacht war, litt unter dem Sexismus und Rassismus beider Bewegungen.

3-MINUTEN-INFO
Die Abolitionisten und die Wahlrechtler wollten das Versäumnis der Gründerväter wiedergutmachen, die in der Verfassung der USA weiße Frauen und farbige Menschen ausgelassen hatten. Neben diesem gemeinsamen Kampf mussten sie sich mit Sexismus, Klassendenken und Rassismus in den eigenen Reihen herumschlagen, was auch heute noch in den jeweiligen Bewegungen nachhallt.

VERWANDTE THEMEN
Siehe auch
WOMANISMUS
Seite 20

SENECA FALLS
Seite 46

SCHWARZER FEMINISMUS
Seite 126

3-SEKUNDEN-BIOGRAFIE
SARAH & ANGELINA GRIMKÉ
1792–1873 & 1805–1879
Schwestern und Anführerinnen der Abolitionisten- und Frauenrechtsbewegung.

SOJOURNER TRUTH
1795–1883
Entfloh der Sklaverei, kritisierte früh den Fokus der Wahlrechtsbewegung auf weiße Frauen.

FREDRICK DOUGLASS
1818–1895
Großartiger Sprecher für die abolitionistischen und Wahlrechtsbewegungen

30-SEKUNDEN-TEXT
Veronica I. Arreola

Wahlrechtler und Abolitionisten bündelten anfangs ihre Kräfte, die Union hatte jedoch keinen Bestand.

30. Juli 1956
Geboren in Oklahoma

1977
Macht an der Oklahoma State Universität ihren Bachelor in Psychologie mit Prädikat

1980
Beendet ihr Jura-Studium in Yale mit Prädikat, arbeitet als Anwältin im District of Columbia und bei der Kanzlei Wald, Harkrader & Ross

1981
Wird Rechtsberaterin von Clarence Thomas im Bildungsministerium, Abteilung Bürgerrechte, und arbeitet mit ihm bis 1983

1986
Unterrichtet am University of Oklahoma College of Law Vertrags- und Wirtschaftsrecht

1989
Wird erste schwarze, ordentliche Professorin an der University of Oklahoma

1991
Sagt in Anhörungen, die vom Fernsehen übertragen werden, aus, dass Clarence Thomas, nominierter Kandidat für ein Richteramt am Obersten Gericht, sie als ihr Vorgesetzter sexuell belästigt hat

1995
Veröffentlicht zusammen mit Emma Coleman Jordan *Race, Gender and Power in America: The Legacy of the Hill-Thomas Headings*

1997
Tritt dem Brandeis University Women's Studies Programme bei

2017
Leitet die Kommission für sexuelle Belästigung und Verbesserung der Gleichberechtigung am Arbeitsplatz in der Unterhaltungsindustrie

2018
Schreibt als Sachverständige in der *New York Times* über das Nomierungsverfahren von Brett Kavanaugh für den Obersten Gerichtshof, der von Christine Blasey Ford der sexuellen Belästigung beschuldigt wird

ANITA HILL

Anita Hill wächst als jüngstes von 13 Kindern auf der Farm ihrer Eltern auf. Sie studiert Psychologie und später Jura. Von 1981 bis 1983 arbeitete sie für Clarence Thomas bei der Bundeskommission für Bürgerrechte und berufliche Chancengleichheit. Dessen Ernennung an das oberste Bundesgericht schien sicher, bis ein Gespräch zwischen Hill und dem FBI über sexuelle Belästigungen seitens ihres Vorgesetzten durchsickerte. In vom Fernsehen übertragenen Anhörungen mit Millionen von Zuschauern sagte sie aus, dass Thomas wiederholt mit ihr ausgehen wollte, ihr pornografische Szenen beschrieb, mit seinen sexuellen Fähigkeiten und seiner Penislänge angab. Thomas widersprach allen Anschuldigungen und sagte, dass die Anhörung ein „High-Tech-Lynchen für aufmüpfige Schwarze" war. Die Anhörungen teilten die USA bezüglich Rasse, Gender und Politik. Ein Komitee aus weißen Männern stellte schlecht vorbereitete Fragen. Andere Frauen, die über ihre eigenen Erfahrungen mit Thomas berichten wollten, wurden nicht als Zeuginnen aufgerufen. Es gab eine Kampagne einiger Senatoren gegen Hill: Sie sei wahnhaft, psychisch instabil und übertreibe. Hills Glaubwürdigkeit und ihr Ruf standen auf dem Spiel, als ein Kommentator sie als „ein wenig nuttig und verrückt" beschrieb. Sie erhielt Drohanrufe, Bomben- und Vergewaltigungsdrohungen. In den folgenden Jahren stoppte die University of Oklahoma ihren Lehrstuhl, ihre Professur sollte entzogen werden. Thomas' Nominierung wurde bestätigt, aber Hills Zeugenaussage hallte in Kultur und Politik nach. Sie hatte sexuelle Belästigung am Arbeitsplatz öffentlich gemacht. Und nun wuchs in der Öffentlichkeit die Empörung darüber. Einen Monat später verabschiedete der Kongress ein Gesetz, das Opfern das Recht auf Schadenersatz, Lohnnachzahlung und Wiedereinstellung zusagte. Im folgenden Jahr nahm die Zahl der Beschwerden um 50 Prozent zu. Unternehmen klärten ihre Angestellten über Belästigung auf und schulten sie. Eine Rekordzahl an Frauen wurde 1992 in öffentliche Ämter gewählt, dem „Jahr der Frau". Seit 1997 lehrt Hill an der Brandeis University als Professorin für Soziale Politik, Jura sowie Frauen-, Gender- und Sexualitätforschung. Sie schreibt und spricht über Rassenprobleme, Frauenrechte und sexuelle Belästigung und hat in Kooperation ein Buch herausgebracht, in dem das Vermächtnis der Anhörungen untersucht wird. 2017 sagte sie rückblickend: „Wir dürfen die Bedeutung der Anhörungen nicht unterschätzen, selbst, wenn die Wahl nicht so ausgegangen ist, wie die meisten von uns es sich gewünscht hätten."

Chitra Nagarajan

FRAUEN IN UNABHÄNGIGKEITS-BEWEGUNGEN

in 30 Sekunden

3-SEKUNDEN-ANRISS
Frauen kämpfen für Selbstbestimmung, Gerechtigkeit und Rechte, werden aber häufig belächelt, vernachlässigt und vergessen, sobald wieder Frieden herrscht.

3-MINUTEN-INFO
In vielen Ländern raten männliche Weggenossen den Frauenrechtskämpferinnen, sich auf ihre Unabhängigkeit zu konzentrieren und sich später um ihre Rechte zu kümmern. Dazu kommt es dann häufig nicht mehr, weil postkoloniale Länder meist weiterhin von Männern beherrscht werden. Nicht nur verschwinden Frauen aus der Geschichtsschreibung, sie werden auch mit höheren Standards gemessen. Winnie Madikizela-Mandela, maßgeblich aktiv im Freiheitskampf Südafrikas, ist vergessen, reduziert auf „Ehefrau" oder wegen mutmaßlicher Gewaltanwendung im Gegensatz zu männlichen Kämpfern in der Kritik.

Kolonisierung geschieht

genderspezifisch, reißt Familien auseinander, zerstört Gemeinschaften und beschneidet die Rechte der Frauen. Weltweit finden sich seit langer Zeit Frauen zusammen, um gegen die Kolonisierung und für Unabhängigkeit zu kämpfen – entweder gewaltsam *oder* friedlich. Anführerinnen wie Lakshmibai, Nanny und Nzinga im heutigen Indien, Jamaika und Angola sind bekannt, die Namen unzähliger anderer Frauen, etwa während der haitianischen Revolution, die die Sklaverei beendete, sind vergessen. Die Aufzeichnungen, häufig in den Händen der Kolonialmächte, sind nicht nur einseitig, sondern schreiben in den meisten Fällen sogar die Frauen aus der Geschichte heraus. Auch in neueren Unabhängigkeitsbewegungen spielen Frauen wichtige Rollen. Im frühen 20. Jahrhundert diskutierten indische Zeitschriften, die von Frauen für Frauen und Mädchen geschrieben wurden, die Rolle der Frau, soziale Reformen und Selbstbestimmung trieben Veränderungen an. Ama Nkrumah und Mabel Dove Danquah waren nur einige der Frauen, die andere anspornten, Demos organisierten, bei Kundgebungen sprachen und über die notwendige Unabhängigkeit in Ghana schrieben. Mariana Grajales Cuello, heute als „Mutter Kubas" bekannt, war eine von vielen afrokubanischen Frauen, die gegen die spanische Herrschaft auf Kuba kämpfte. Diese Frauen standen für die Freiheit ihrer Gesellschaft und für Frauen auf.

VERWANDTE THEMEN
Siehe auch
FEMINISTISCHES GEDENKEN
Seite 30

DER AUFSTAND DER ABA-FRAUEN
Seite 140

3-SEKUNDEN-BIOGRAFIE
TRƯNG TRẮC & TRƯNG NHỊ
Vermutlich 12–43 n. Chr.
Vietnamesische Schwestern, Anführerinnen der ersten Unabhängigkeitsbewegung gegen die Herrschaft Chinas.

NEHANDA NYAKASIKANA
ca. 1840–1898
Eine der Führerinnen im ersten Unabhängigkeitskrieg Simbabwes.

MARY THOMAS
ca. 1848–1905
Führte mit Agnes Salomon und Mathilda McBean die Revolte der Fireburn-Plantagenarbeiter gegen die dänischen Kolonialherren in St. Croix an.

30-SEKUNDEN-TEXT
Chitra Nagarajan

Frauen versorgen ihre Familien und kämpfen erfolgreich für die Unabhängigkeit.

FEMINISMUS & INTERNATIONALES RECHT

in 30 Sekunden

Feministische Perspektiven haben das internationale Recht seit den Anfängen des 20. Jahrhundert beeinflusst. Verbesserter Schutz für Zivilisten in Konfliktgebieten, Anti-Drogen-Abkommen und die Resolution, dass Länder ihre Differenzen friedlich austragen sollen, sind Resultate der erlittenen Kriegsschrecken und der Frauenbewegungen. Dennoch wurden „Frauenthemen" stiefmütterlich behandelt: Die Gesetzgebung konzentrierte sich auf den Schutz der Frauen, nicht auf ihre Rechte. Feministische Aktivisten erzielten eine Wende: 1979 traf die US-Generalversammlung die Übereinstimmung zur Eliminierung jedweder Form von Diskriminierung von Frauen. 2001 verabschiedete der UN-Sicherheitsrat auf Druck von Frauen in Konfliktgebieten weltweit die Resolution 1325 über Frauen, Frieden und Sicherheit. Länder wurden dazu gedrängt, mehr Frauen in Friedensprozesse einzubeziehen, Gender-Perspektiven zu beachten und Frauen und Mädchen vor Gewalt zu schützen. Das Maputo-Protokoll erkannte 2003 das Recht auf Schwangerschaftsabbruch an. In den letzten Jahren hatten die Allianzen damit zu tun, dass die dazugewonnenen Rechte für Frauen in Bezug auf die eigene Sexualität und Fortpflanzung, Früh- und Zwangsehen, Genderidentität und -Ausdruck (SOGIE) erhalten blieben.

VERWANDTE THEMEN
Siehe auch
INSTITUTIONELLER
FEMINISMUS
Seite 24

GEGENSCHLAG
Seite 36

FRAUEN IN UNABHÄNGIG-
KEITSBEWEGUNGEN
Seite 52

3-SEKUNDEN-ANRISS
Der frühere Fokus des internationalen Rechts verlagert sich vom Schutz für Länder und ihre Herrscher zum Schutz für Menschen, ein Verdienst hauptsächlich des Feminismus.

3-MINUTEN-INFO
Aktivisten analysieren internationales Recht nicht nur nach Frauenrechten. Die Behindertenrechtskonvention der UN beispielsweise stellt fest, dass Frauen und Mädchen mit Behinderungen vielfältigen Diskriminierungen ausgesetzt sind und fordert alle Länder auf, auf ihre Menschenrechte zu achten, während die Yogyakarta-Prinzipien bezüglich SOGIE vorsehen, gegen Gender-Stereotypen, -Vorurteile und –bräuche vorzugehen. Allmählich hat Gender sich seinen Weg in das be- und entstehende internationale Recht gebahnt.

3-SEKUNDEN-BIOGRAFIE
VIJAYA LAKSHMI PANDIT
1900–1990
Im indischen Freiheitskampf verhaftet, Verfechterin von asiatischer und afrikanischer Selbstbestimmung und Frauenrechten, erste Präsidentin der UN-Generalversammlung.

CHRISTINE CHINKIN
1949–
Juristische Vordenkerin, eine der ersten, die feministische Kritik an internationaler Rechtsprechung formulierten, wirkte später in UN-Menschenrechtskommissionen mit.

30-SEKUNDEN-TEXT
Chitra Nagarajan

Feministische Aktivisten kämpfen dafür, dass Frauenrechte anerkannt und eingehalten werden.

DAS PERSÖNLICHE IST POLITISCH

DAS PERSÖNLICHE IST POLITISCH
GLOSSAR

#MeToo Onlinekampagne von Tarana Burke, startete 2005. Frauen teilen ihre Erfahrungen mit Gewalt.

Alltagssexismus Sexismus und sexuelle Belästigung im Alltag von Frauen. Eine Sammlung dieser Erfahrungen findet sich online im „The Everyday Sexism Project". Sie soll das Bewusstsein für das Ausmaß von Sexismus verdeutlichen.

Bewusstseinsbildung Das Weitergeben von Frauengeschichten und -erfahrungen mit sexueller Belästigung, Vergewaltigung, Abtreibung, häuslicher Gewalt, sexistischen Bemerkungen und Stereotypen.

Body Positivity Moderne feministische Bewegung für Selbstliebe und -akzeptanz, auch für das Frauenrecht, über den eigenen Körper zu verfügen.

doppelte Diskriminierung Vorurteile aufgrund zweier Merkmale einer Person, etwa Sexismus und Rassismus oder Altersdiskriminierung und Homophobie.

Ehrenmord Ermordung eines Menschen (betrifft meist Frauen), dem zur Last gelegt wird, Schande über die Familie und/oder Gemeinschaft gebracht zu haben, verübt von denen, (meist Familienmitgliedern), die glauben, ihren Ruf verteidigen zu müssen, häufig Folge einer frauenfeindlichen Einstellung.

Entmenschlichung Darstellung einer Person oder einer Gruppe als Objekte, die weniger „wert" sind als der Rest der Menschheit, dient zur Dämonisierung von Feinden, hebt Gewaltbereitschaft an, führt zu Kriegsverbrechen und Menschenrechtsverletzungen.

Feminisierung der Arbeit Die steigende Beteiligung der Frauen am Arbeitsmarkt als Folge von Industrialisierung und Globalisierung.

Feminismus der zweiten Welle westliche Bewegung in den 1960ern bis 1980ern, die häusliche und Beschäftigungsprobleme aufgriff.

feministische Ökonomie Alternative Wirtschaftsmodelle mit einer breiteren Perspektive einschließlich sozialer und ökonomischer Zusammenhänge.

Gender-Disaggregation Makroökonomische Variable werden untersucht, etwa, wie die Feminisierung der Arbeit Investitionen anregt.

gender-geprägt spielt eine wichtige Rolle in der Gestaltung des Alltags, Frauen werden entweder ausgeschlossen oder von Männern dominiert.

Intersektionalität übergreifende, Mehr-fachformen der Unterdrückung schwarzer und anderer Frauen.

Labioplastik Schönheitsoperation, um die inneren oder äußeren Schamlippen zu verkleinern. Gründe sind körperliche Beschwerden oder ästhetisches Empfinden.

LGBT Gemeinschaft der Lesben, Schwu-len, Bisexuellen und Transgender.

Objektifizierung Menschen (meist Frauen) werden so weit entmenschlicht, dass sie wie Objekte und nicht wie Menschen behandelt werden.

Othering Eine Gruppe oder einen Men-schen als völlig andersartig ansehen und behandeln als die normative Gruppe oder sich Selbst, hauptsächlich von Politikern und Medien betrieben.

Playboy Bunny Speziell ausgewählte und ausgebildete Kellnerin in einem Playboy-Club (1960-1988), trug Hasenkostüm.

politisieren Etwas oder jemanden zu einem politischen Thema machen.

sexualisieren Sexuelle Eigenschaften auf etwas oder jemanden übertragen oder Sexualität in den Vordergrund rücken.

sexuelle Belästigung Unerwünschtes Verhalten sexueller Natur, quält, verängstigt und demütigt das Opfer.

Speak-out (Klartext) Veranstaltung, bei der Menschen öffentlich Meinungen oder Erfahrungen über ein Thema teilen.

Women's Budget Group Unabhängige, Non-Profit-Organisation aus England, beobachtet die Auswirkung von Regierungs-politik auf Männer und Frauen.

DER WEIBLICHKEITS-WAHN (1963)

in 30 Sekunden

3-SEKUNDEN-ANRISS
Betty Friedans Buch *Der Weiblichkeitswahn* (1963) gilt als Auslöser der zweiten Welle in den USA.

3-MINUTEN-INFO
Weiblichkeitswahn wurde dafür kritisiert, dass sowohl farbige Frauen als auch die Arbeiterschicht außer Acht gelassen werden, beide Gruppen gingen bereits Arbeit außerhalb des Hauses nach. Schwarze Frauen sahen die Mutterschaft als menschlichen Ausgleich zur Entfremdung durch bezahlte Arbeit an und verdrängten dabei, dass Mutterschaft erdrückend sein kann. Auch wurde kritisiert, dass das Buch homophob sei. Friedan prägte den Begriff „lila Bedrohung" für lesbische Frauen.

Das Buch *Der Weiblichkeitswahn* oder *Die Selbstbefreiung der Frau* hat die privilegierten, weißen Vorstadtfrauen im Fokus und hadert mit dem „Problem ohne Bezeichnung": die Traurigkeit und fehlende Erfüllung der amerikanischen Hausfrauen. Friedan schrieb: „Die Frauen, die darunter leiden, haben einen Hunger, der nicht mit Nahrung zu befriedigen ist … Wir dürfen die innere Stimme dieser Frauen nicht länger ignorieren, die sagt: „Ich möchte mehr als einen Ehemann und Kinder und ein Haus." Mit der These, die Frustration und Notlage von Millionen von amerikanischen Frauen seien kein individuelles, sondern ein kollektives Problem, trägt Friedan die Idee vor, dass das Private politisch ist, ein Konzept, das eng mit dem Feminismus der zweiten Welle verknüpft ist. Friedan führt an, dass Frauen genau wie Männer tiefere Erfüllung brauchen, als ihnen das Leben als gute Ehe- und Hausfrau gibt. Die Annahme, dies sei das höchste Ziel der Frauen, schadet ihnen und beraubt sie ihrer Individualität. Sie nannte diesen Mythos „den Weiblichkeitswahn" und gab daran zum Teil den männerdominierten Medien (einschließlich der Frauenmagazine und der Werbung) und einem sexistischen Erziehungssystem die Schuld. Friedan forderte eine bessere Bildung und sinnvolle Beschäftigung als Fluchtwege aus diesem Wahn.

VERWANDTE THEMEN
Siehe auch
BEWUSSTSEINSBILDUNG
Seite 62

DIE LILA BEDROHUNG
Seite 120

3-SEKUNDEN-BIOGRAFIE
PAULI MURRAY
1910–1985
Menschenrechtsaktivist, Jurist, episkopaler Priester, Autor und Mitbegründer der Organisation NOW, die gegen Diskriminierung am Arbeitsplatz und andere Gender-Ungerechtigkeiten vorgeht.

BETTY FRIEDAN
1921–2006
Autorin, feministische Aktivistin und erste Präsidentin von NOW (National Organisation for Women).

30-SEKUNDEN-TEXT
Laura Bates

Friedans **Weiblichkeitswahn** *ist die Antithese zu* „Eine Frau gehört an den Herd".

BEWUSSTSEINS-BILDUNG

in 30 Sekunden

Während der 1960er und 1970er

fanden sich Gruppen zusammen, in denen Frauen sich über ihr Leben austauschten, ihre Erlebnisse mit sexueller Belästigung, Vergewaltigung, Abtreibung, häuslicher Gewalt und sexistischen Kommentaren und Stereotypen teilten. Diese Bewegung wurde als „Bewusstseinsbildung" bekannt. Aktivisten dieser Zeit bezeichneten sie als Mittel, die Erfahrungen in etwas Sinnvolles zu verwandeln, denn sie waren nicht individuell oder zufällig, sondern Teil der Ungleichheit der Geschlechter. Oder in der damaligen Sprache: „Das Private ist persönlich." Bewusstseinsbildung trägt das Potenzial zur Veränderung in sich, wenn dadurch die Ungerechtigkeit nicht länger akzeptiert wird. Wenn Frauen frauenfeindliches, stereotypisches Verhalten und sexuelle Belästigung seit ihrer Kindheit kennen, nehmen sie sie häufig hin oder halten sie für unvermeidlich. Denen, die sich dagegen auflehnen, wird oft vorgehalten, sie würden überreagieren, sich unvernünftig oder unnatürlich verhalten. Bewusstseinsbildung ist grundlegend dafür, dass Frauen realisieren, dass sie nicht allein sind, dass so etwas nicht normal ist, dass sie das nicht erdulden müssen und dass sie keine Schuld daran tragen. Moderne Feministen bedienen sich digitaler Plattformen für die Bewusstseinsbildung, nutzen Twitter und Hashtags, um Botschaften schnell und effektiv über Gruppenzugehörigkeiten hinaus zu verbreiten.

3-SEKUNDEN-ANRISS

Bewusstseinsbildung ist eng mit der zweiten Welle des Feminismus verknüpft, speziell in den USA, wo Frauengruppen über Leben und Sexismus diskutierten.

3-MINUTEN-INFO

Die #MeToo-Bewegung der Aktivistin Tarana Burke und das Projekt Alltagssexismus sind jüngere Beispiele des Phänomens, bei denen Millionen von Frauen öffentlich ihre Erfahrungen mit Unterdrückung und Misshandlung teilen. Frauen werden so zum ersten Mal ermutigt, sexuelle Gewalt und Diskriminierung anzuzeigen, es entsteht auch eine kulturelle Verschiebung zur Bewusstseinsbildung des Problems.

VERWANDTE THEMEN
Siehe auch
DER AUFSTIEG DES ONLINE-FEMINISMUS
Seite 32

TAKTIKEN DER BEWEGUNG
Seite 138

#FEMINISMUS
Seite 152

3-SEKUNDEN-BIOGRAFIE
KATHIE SARACHILD
1943–
Amerikanische Schriftstellerin und radikale Feministin, hatte eine führende Rolle in der Bewegung zur Bewusstseinsbildung der 1960er und 1970er.

ANNE FORER PYNE
1945–2018
Feministische Aktivistin und Schriftstellerin, prägte den Begriff „Bewusstwerdung".

30-SEKUNDEN-TEXT
Laura Bates

Über das weltweite Internet lassen sich feministische Kampagnen zur Bewusstwerdung verbreiten.

OBJEKTIFIZIERUNG

in 30 Sekunden

Feministen prägten diesen Begriff
und beschrieben damit, wie Darstellungen von
Frauen als Objekte zur Abwertung der Frau in
der Gesellschaft beigetragen haben. Die
Darstellung kann direkt (in einer Werbung dient
eine Frau als Tisch) oder indirekt (Werbung
bedient sich weiblicher Körperteile, wie Beine
oder Brüste, um für Produkte zu werben, die
damit in keiner Beziehung stehen) sein. Objektifizierung basiert auf der Annahme, dass Frauen
sexuelles Eigentum sind, für die männliche
Inbesitznahme zur Verfügung stehen und dass
ihre Körper Freiwild für Kommentare, Belästigungen und Übergriffe sind. Andere Vorurteile
können Objektifizierungen verschlimmern: So
können LGBT-Frauen fetischisiert und stereoty-
pisiert werden. Beispiele in der Popkultur sind
ein Foto von Darja Schukowa, der Partnerin von
Roman Abramovich, die auf einem Stuhl sitzt,
der wie eine halbnackte, gefesselte schwarze
Frau aussieht und die Darstellung von Körpern
schwarzer Frauen als sexualisierte Requisiten in
Musikvideos weißer Popstars. Das feministische
Argument ist, dass die Objektifizierung zur
Unterdrückung der Frau beiträgt, indem sie ihre
Teilnahme am öffentlichen Lebens beschneidet
und ein patriarchalisches System schafft, in dem
sie den Männern untergeordnet sind.

*Werden Frauen
objektifiziert, gelten sie
als sexuelles Eigentum,
ihre Körper dürfen als
Werbemittel eingesetzt
werden.*

BODY POSITIVITY

in 30 Sekunden

3-SEKUNDEN-ANRISS
Die Body Positivity-
Bewegung wehrt sich
gegen die sexistische
Betrachtung und
Behandlung von Frauen-
körpern im Patriarchat.

3-MINUTEN-INFO
Aus den Reihen der
Feministen kommt die
Kritik, dass die Body
Positivity-Bewegung
lediglich den Begriff der
Schönheit ausweitet, sich
aber nicht um das Problem
kümmert, dass der Wert
von Frauen auf ihre
körperlichen Eigenschaften
und die soziale Akzeptanz
ihrer Attraktivität reduziert
wird. Andere kritisieren die
Kommerzialisierung der
Bewegung, denn viele
große Marken haben das
Label „Body Positive" zur
Steigerung ihrer Umsätze
von Schönheitsprodukten
und Hygieneartikeln
übernommen.

Die Kleiderreform im viktorianischen 19. Jahrhundert forderte die Abschaffung der engen Korsetts, mit denen Frauenkörper einge-zwängt und geformt wurden, mit dem Argument, dass das Wohlbefinden und die Freiheit von Frauen wichtiger seien. In den 1960er Jahren kam die Fettakzeptanz-Bewegung, die zur heutigen Body-Positivity führte. Feministen sehen in der Vorstellung, Frauenkörper sollen alle dem schmalen, mediendefinierten Ideal entsprechen, eine weitere Entmündigung. Bei Body Positivity geht es um Selbstliebe und -akzeptanz, aber auch um das Recht, selbst über den eigenen Körper zu bestimmen. Dabei liegt der Blick auch auf das Ineinandergreifen von Sexismus und anderen Formen der Ungleichheit. Ziel ist es, der Art des Ausgrenzung und Abwertung von nicht-weißen, LGBTQ- und behinderten Körpern ein Ende zu setzen. Kritiker der Bewegung sagen, dass weiße und hellhäutige Frauen sie an sich gezogen hätten, obwohl schwarze Frauen seit Jahrzehnten federführend und lenkend darin agieren. Einige Stränge der Body Positivity bemühen sich, mit dem Slogan „Sichtbarkeit für alle Menschen" gegen diesen Vorwurf anzugehen.

VERWANDTE THEMEN
Siehe auch
DER AUFSTIEG DES
ONLINE-FEMINISMUS
Seite 32

3-SEKUNDEN-BIOGRAFIE
SONYA RENEE TAYLOR
seit 2004–
Autorin, Dichterin, Aktivistin
für soziale Gerechtigkeit und
Gründerin der Bewegung The
Body Is Not An Apology.

MAMA CAX
1989–
Amputierte haitianisch-ameri-
kanische Bloggerin, Anwältin
und Model.

HARNAAM KAUR
1990–
Bärtige, britische Frau und Model,
setzt sich gegen Mobbing ein,
Body-Positivity-Aktivistin

30-SEKUNDEN-TEXT
Laura Bates

The Body Is Not an Apology steht für alle Formen, Gender, Alters-und Volksgruppen.

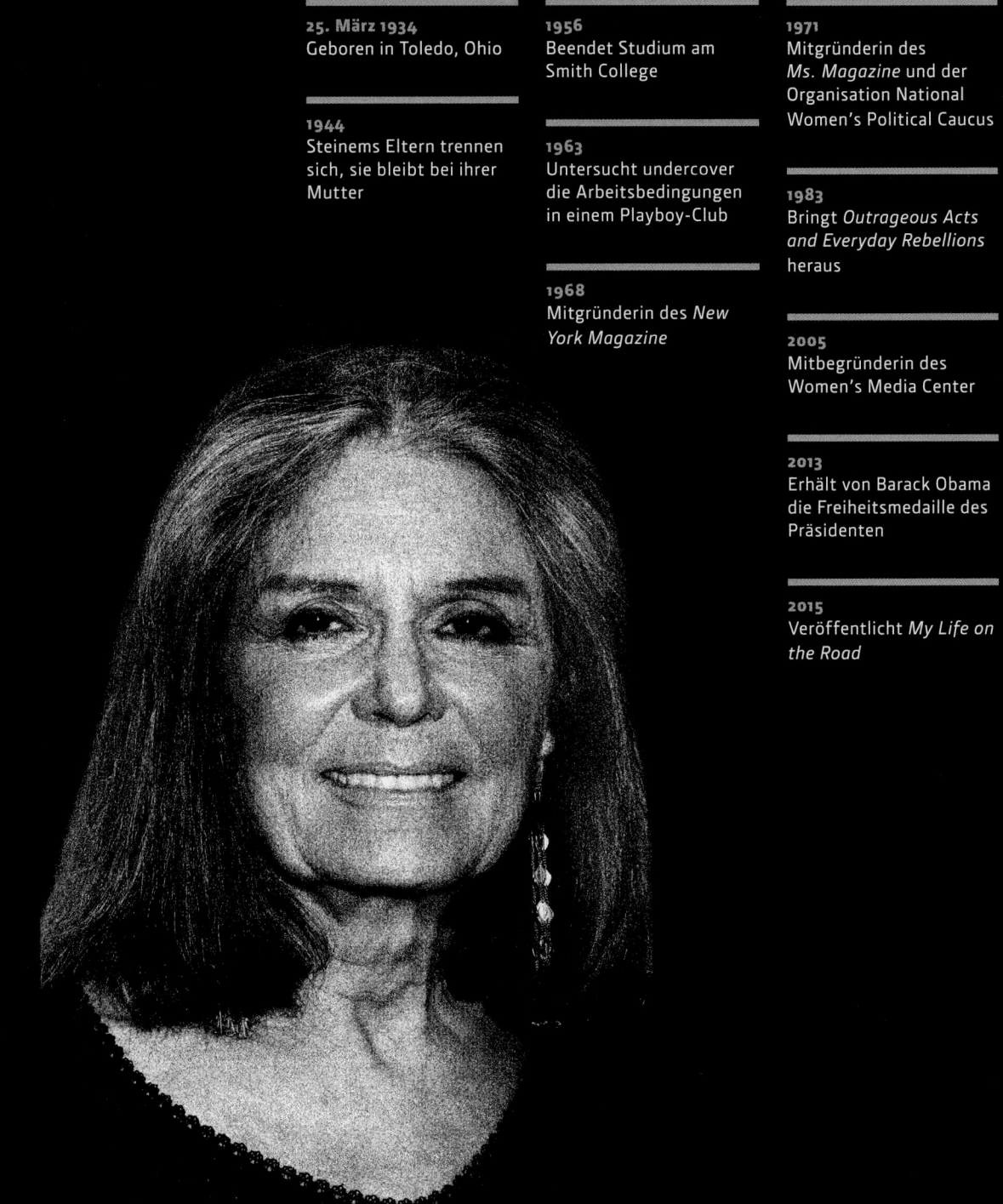

25. März 1934
Geboren in Toledo, Ohio

1944
Steinems Eltern trennen sich, sie bleibt bei ihrer Mutter

1956
Beendet Studium am Smith College

1963
Untersucht undercover die Arbeitsbedingungen in einem Playboy-Club

1968
Mitgründerin des *New York Magazine*

1971
Mitgründerin des *Ms. Magazine* und der Organisation National Women's Political Caucus

1983
Bringt *Outrageous Acts and Everyday Rebellions* heraus

2005
Mitbegründerin des Women's Media Center

2013
Erhält von Barack Obama die Freiheitsmedaille des Präsidenten

2015
Veröffentlicht *My Life on the Road*

GLORIA STEINEM

Gloria Steinems Kindheit war

außergewöhnlich. Ihr Vater war reisender
Verkäufer und ständig unterwegs, die Familie
begleitete ihn. Nach der Trennung der Eltern
1944 kümmerte Steinem sich lange Zeit um ihre
mental erkrankte Mutter Ruth. Ihr Bewusstsein
für soziale Ungerechtigkeit wurde unter
anderem durch abfällige Ärzte und
verständnislose Arbeitgeber geweckt.

In den 1960ern begann Steinem ihre Karriere
als Journalistin mit Themen wie Verhütung und
dem Arbeitsleben der Frauen. Nach einem
Artikel aus dem Jahr 1963 über die miserablen
Arbeitsbedingungen der weiblichen
Angestellten eines New Yorker Playboy-Clubs,
in dem sie undercover als Bunny recherchiert
hatte, war Steinem vorübergehend arbeitslos –
sie wurde herabgesetzt und mit den Frauen in
den Clubs gleichgesetzt. Sie schrieb: „Ich war zu
einem Bunny geworden – warum, war
gleichgültig."

Ihre Teilnahme an einem „Speak-Out" über
Erfahrungen mit Schwangerschaftsabbrüchen
machte Steinem aktiver, sie engagierte sich in
Kampagnen und Organisationen. Sie ist
Mitgründerin des New York Magazine, für das
sie politische Kolumnen schrieb, und dem
feministischen Ms. Magazine, das sie 15 Jahre
lang herausgab. Auch war sie an der Gründung
vieler Frauenrechtsgruppen beteiligt, von denen
eine große Anzahl auch heute noch bestehen,
einschließlich des Women's Media Center, der
Women's Action Alliance, dem National
Women's Political Caucus, Voters for Choice
und der Ms. Foundation for Women, einem
Fonds, der Basisprojekte zur Stärkung von
Frauen und Mädchen unterstützt.

Steinem rief den „Take Our Daughters to
Work Day" ins Leben, dem ersten Tag, der
junge Frauen dazu anregen sollte, über
berufliche Möglichkeiten nachzudenken und
den es mittlerweile in vielen Ländern gibt.

Ihre Werke umfassen My Life on the Road,
Was heißt schon emanzipiert, Meine Suche
nach einem neuen Feminismus., Unerhört.
Reportagen aus ‚Ms.', Moving Beyond Words,
Marilyn: Norma Jean and As If Women Matter.
2013 verlieh Präsident Obama ihr die
Friedensmedaille des Präsidenten, die höchste
Auszeichnung für Zivilisten in den Vereinigten
Staaten.

Zweifellos zog sie durch ihre Arbeit große
Aufmerksamkeit auf die Bewegung, dennoch
steht ihre lebenslange Hingabe, ihre Aktivitäten
und Errungenschaften mit anderen zu teilen, für
Steinems wichtigsten Einfluss, nämlich der
Erkenntnis, dass Zusammen- und Basisarbeit
erfolgsbestimmend sind. Sie selbst beschrieb
dies so: „Wenn einzigartige Stimmen sich in
gemeinsamer Sache vereinen, dann schreiben
sie Geschichte."

Laura Bates

ALLTAGSSEXISMUS

in 30 Sekunden

3-SEKUNDEN-ANRISS

Seit seiner Gründung 2012 kämpft das Everday-Sexism-Project als Bewegung und über seine Website gegen die alltägliche Ungleichheit in der Gender-Behandlung.

3-MINUTEN-INFO

Der Begriff „Alltagssexismus" trägt eine Vielzahl von Bedeutungen in sich. Zum einen die alltägliche Realität von Frauen, zum anderen die gesellschaftliche Akzeptanz und Normalität des Sexismus. Er beleuchtet die ständigen kleinen Ungerechtigkeiten, die wir ignorieren und entschuldigen, die aber zu schwerwiegenderen Gender-Verbrechen und -Verletzungen im Rahmen der Ungleichheit im System führen.

Als 2012 eine Serie eskalierender Vorfälle von Sexismus, sexueller Belästigung und sexuellen Übergriffen bekannt wurde, fing man an, darüber nachzudenken, wie normal Gender-Ungleichheit im Alltag ist. Die Diskussionen starteten in Großbritannien, bald stießen andere Länder dazu. Sobald der Dialog eröffnet war, stellte man fest, wie schwerwiegend und häufig der Alltag davon durchdrungen war. Diese Erkenntnis widersprach der Behauptung, dass Sexismus überholt sei und Frauen gleichberechtigt seien. Dafür steht das Everday Sexism Project, eine Online-Sammlung von erlebtem Sexismus, das die Reichweite und Realität des Problems bewusst machen will. In nur drei Jahren wurden mehr als 100.000 Geschichten gepostet, ein internationales Gespräch war entstanden, das eine weltweite Bewegung lostrat. Das Projekt ist mit mehr als 20 Niederlassungen in verschiedenen Ländern vernetzt. Die Einträge brachten das Umdenken und Kampagnen ins Rollen – für bessere Sexualerziehung, Fortbildungen für die Polizei im Umgang mit sexuellen Übergriffen und gipfelte darin, Facebook davon zu überzeugen, seine Richtlinien für Inhalte mit Vergewaltigung und sexueller Gewalt zu überarbeiten. Der Ausdruck „Alltagssexismus" ist seitdem bekannt und verbreitet und wird auch außerhalb des Projektes verwendet.

VERWANDTE THEMEN
Siehe auch
DER AUFSTIEG DES ONLINE-FEMINISMUS
Seite 32

BEWUSSTSEINSBILDUNG
Seite 62

#FEMINISMUS
Seite 152

3-SEKUNDEN-BIOGRAFIE
LAURA BATES
1986–
Britische Autorin und feministische Aktivistin, gründete das Everday Sexism Project.

30-SEKUNDEN-TEXT
Laura Bates

Das Everday Sexism Project zeigt deutlich, wie anders Frauen im Alltag behandelt werden.

INTERSEKTIONALITÄT

in 30 Sekunden

3-SEKUNDEN-ANRISS
Intersektionalität
beschreibt das Zusammen-
treffen mehrerer Formen
der Ungerechtigkeit. Wer
davon betroffen ist,
unterliegt stärkerem Druck.

3-MINUTEN-INFO
Schwarze, feministische
Autoren und Aktivisten
weisen immer wieder
darauf hin, dass der
feministische Kampf am
Ende nur dann Erfolg
haben wird, wenn er alle
Frauen umfasst und nicht
nur einige privilegierte. Die
Aktivistin bell hooks
schreibt in ihrem Buch
Feminism is for Everybody:
„Solange es Frauen gibt,
die aufgrund ihrer
Zugehörigkeit zu einer
bestimmten Klasse oder
Rasse andere Frauen
dominieren, ist eine
feministische Schwestern-
schaft unmöglich."

Die amerikanische Gelehrte und
Bürgerrechtsanwältin Kimberlé Crenshaw prägte
1989 den Begriff „Intersektionalität" als Ausdruck für die Unterdrückung speziell schwarzer
Frauen, die nicht durch entweder Rassismus oder
Sexismus zu erklären ist, sondern durch die
Verschmelzung beider Erscheinungen. Als
Beispiel führt Crenshaw die Klage schwarzer
Arbeiterinnen an, die aufgrund von Geschlecht
und Rasse von General Motors diskriminiert
worden waren. Der Autobauer hatte vor 1964
keine schwarzen Frauen beschäftigt und alle
nach 1970 eingestellten schwarzen Frauen in
Massenentlassungen freigestellt. Das Gericht
ließ nicht zu, dass die Klägerinnen eine „neue
Klassifizierung schwarzer Frauen" durchführten
und befand, dass es sich nicht um Diskrimine-
rung handelte, da weiße Frauen eingestellt
wurden. Die Klage wegen Rassendiskriminierung
wurde abgewiesen. Intersektionalität wird
seitdem für Mehrfachformen der Unterdrückung
verwendet (etwa aufgrund von Sexualität,
Gender-Identität, Behinderung, Alter, Kaste oder
Religion). Das Konzept ist eines der wichtigsten
des modernen Feminismus. Sowohl statistisch als
auch in Aussagen von Frauen wird Intersektionalität sichtbar. In den USA beispielsweise verdient
eine schwarze Frau 69 Cents von jedem Dollar,
den ein weißer Mann verdient – im Vergleich
dazu verdient eine weiße Frau 79 Cents.

VERWANDTE THEMEN
Siehe auch
WOMANISMUS
Seite 20

SCHWARZER FEMINISMUS
Seite 126

QUEERER FEMINISMUS
Seite 131

3-SEKUNDEN-BIOGRAFIE
AUDRE LORDE
1934–1992
Dichterin und Womanistin,
untersuchte Rassismus,
Sexismus und Homophobie.

PATRICIA HILL COLLINS
1948–
Behandelt in ihrem Buch *Black
Feminist Thought* die
Unterdrückung von
afroamerikanischen Frauen.

KIMBERLÉ CRENSHAW
1959–
Amerikanische Bürgerrechtsanwältin und Jura-Dozentin, prägte
den Begriff Intersektionalität.

30-SEKUNDEN-TEXT
Laura Bates

*Der Aktionsradius der
Intersektionalität ist auf alle
Formen der Unterdrückung
erweitert worden.*

FEMINISTISCHE ÖKONOMIE

in 30 Sekunden

Über Generationen berücksichtigten Ökonomen ausschließlich den männlichen Beitrag an Gesellschaft und Wirtschaft und ließen die Fürsorge und Hausarbeit von Millionen von Frauen außer Acht. Deren Arbeit war unterbewertet, unbezahlt und floss nicht in die wirtschaftlichen Berechnungen ein. Feministen argumentierten, dass fast ausschließlich Frauen tagein, tagaus diese Arbeiten erledigten, damit es Männern möglich war, einer bezahlten Arbeit nachzugehen. Feministische Ökonomie bietet alternative Modelle mit einer Gender-berücksichtigenden, breiteren Perspektive und sozialem sowie wirtschaftlichem Kontext an. Marilyn Waring veröffentlichte 1988 das Buch *If Women Counted*, das „Gründungsdokument" der feministischen Ökonomie. Darin warnt sie: „Männer werden nicht leichtherzig das System aufgeben, in dem die eine Hälfte der Weltbevölkerung praktisch umsonst für die andere Hälfte arbeitet." Feministische Ökonomen weisen auf „inoffizielle" Geschäfte hin – etwa illegaler Waffen- und Drogenhandel –, an denen sich Männer unproportionell stark bereichern. Sie verdeutlichen, wie sich Wirtschaftsumbrüche und -verschiebungen als Folge von Industrialisierung und Globalisierung unterschiedlich auf Männer und Frauen auswirken. Das Ergebnis ist eine größere Bandbreite an Methodologien und die Einbeziehung von Erfahrungen.

Als allumfassender Ansatz berücksichtigt die feministische Ökonomie auch die „unsichtbare" Arbeit der Frauen.

GEGEN DAS PATRIARCHAT

GEGEN DAS PATRIARCHAT
GLOSSAR

#MeToo Online-Kampage, 2005 von Tarana Burke ins Leben gerufen, bei der Frauen ihre Erfahrungen mit sexuellen Übergriffen und Gewalt teilen.

Duluth-Modell Dient Sozialarbeitern zur Erklärung, wie Missbrauchstäter nicht nur körperliche und sexuelle Gewalt auf ihre Partner ausüben, sondern auch emotionale, psychologische und finanzielle.

Frauenhaus Sicheres Haus für Frauen und Kinder, die aus häuslicher Gewalt fliehen.

häusliche Gewalt Sowohl körperliche, emotionale und sexuelle Misshandlung in einer Partnerschaft oder unter Familienmitgliedern oder durch Betreuer.

hegemoniale Männlichkeit Jungs und Männer müssen ein bestimmtes kulturelles Verhalten zeigen, um die Privilegien der männlichen Macht zu erhalten.

Herrenmagazine Lifestyle-Magazine, oft mit Fotos spärlich bekleideter Frauen, verkörpern die Macho-Kultur der 1990er und 2000er.

Homophobie Ablehnung und Vorurteile gegen lesbische, schwule oder bisexuelle Menschen.

Incel (unfreiwilliges Zölibat) Online-Community, mit überwiegend männlichen Mitgliedern, die glauben, dass ihnen ihr Recht auf Sex mit Frauen verwehrt wird.

Intersektionalität Mehrfache und sich überschneidende Arten der Unterdrückung von schwarzen Frauen und anderen.

Kapitalismus Profitorientierte Wirtschaftsform, in der Industrie und Handel Privateigentum sind.

Kyriarchie Von griechisch: kyrios (Herr), bezeichnet ein System, in dem Frauen zusätzlich zum Patriarchat mehreren, übergreifenden Unterdrückungsformen ausgesetzt sind.

Männerrechtsaktivisten (MRAs) Ausgesprochen anti-feministische Männerbewegung.

Patriarchat System der Herrschaft der Männer über die Frauen. Männern gehört die Macht, sie sind politische und moralische Führer, besitzen soziale Privilegien und kontrollieren das Eigentum.

Pornografie Alle Medien, die sexuell eindeutiges Material zur Lusterzeugung widergeben. Unter Feministen ist die Meinung verbreitet, dass Pornografie für Frauen erniedrigend ist und sogar Gewalt gegen Frauen erzeugen kann.

Prostitution Das Anbieten sexueller Dienste gegen Bezahlung. Der legale Status ist länderabhängig. Einige Feministen lehnen jede Form von Prostitution als Ausbeutung der Frau und Festigung der männlichen Dominanz ab, andere rechtfertigen freiwillige Sexarbeit.

Rassismus Überzeugung, dass eine Rasse oder ethnische Gruppe anderen überlegen ist. Patricia Bidol stellte fest, dass Rassismus durch die Kombination aus Vorurteilen mit institutioneller Macht entsteht.

Schwulenbefreiungsbewegung Ziel war das Ende der Diskriminierung von Schwulen, Lesben, Bi- und Transsexuellen, wurde in den 1970ern aggressiv durchgeführt.

Sexismus Vorurteile und Diskriminierung aufgrund von Geschlecht oder Gender, speziell gegen Mädchen und Frauen.

sexuelle Belästigung Sexueller Übergriff und Missbrauch, speziell von Frauen und Kindern.

SlutWalk Globale Demonstration für die Beendigung der Vergewaltigungskultur, speziell der Mitverantwortung der Opfer.

toxische Männlichkeit Stereotypische maskuline Gender-Rollen, die aufgrund von sozialen Erwartungen die männliche emotionale Bandbreite einengt, und Männern dadurch Schaden zufügt.

weiße Überlegenheit Überzeugung, dass weiße Menschen anderen Rassen überlegen sind. Entstanden aus dem wissenschaftlichen Rassismus, gehörte zur Ideologie der deutschen Nazis und der südafrikanischen Apartheit, aber auch als Rechtfertigung der Sklaverei in den USA. Dient oft zur Beschreibung von Gesellschaftsstrukturen, in denen es tief-greifenden, institutionellen Rassismus gibt.

DAS PATRIARCHAT

in 30 Sekunden

3-SEKUNDEN-ANRISS
Die Feministen der 1970er standen gegen eine von Männern dominierte Gesellschaft, das „Patriarchat", auf und für Rechte der Frauen in allen sie betreffenden Bereichen.

3-MINUTEN-INFO
Feministen diskutieren seit dem Buch *Sexual Politics*, das das System Patriarchat in den Mainstream gebracht hat, dass es die Gender-Ungerechtigkeit nicht ausreichend erklärt. Die schwarze Feministin bell hooks hinterfragt, wie das Patriarchat mit anderen Machtsystemen wie Kapitalismus und weißer Überlegenheit interagiert und welche negativen Einflüsse es auf Männer und Jungs hat.

In patriarchalischen Gesellschaften stehen Männer den Haushalten vor, sind auch außerhalb des Zuhauses Anführer und kontrollieren ein Großteil der Ressourcen. Die Formulierung, in einem „Patriarchat" zu leben, entstand in Großbritannien und den USA in den 1970ern, zur Verdeutlichung dauerhafter Ungleichheit. Aus Kate Milletts Buch *Sexus und Herrschaft: Die Tyrannei des Mannes in unserer Gesellschaft* (1970) entnahmen Feministen die Herleitung, dass die Unterdrückung der Frau in intimen Beziehungen das Fundament für die tiefe Ungleichheit der Geschlechter in der Gesellschaft bildet. Ein wichtiges Argument dabei ist, dass Männer ihre Machtposition dadurch festigen, dass sie die Finanzen der Familie kontrollieren und durch Gewalt auch Ehefrauen, Freundinnen und Töchter. Der folgende Aktivismus unterstützte Frauen, die ihre gewalttätigen Partner verlassen wollten, setzte sich für Schwangerschaftsabbrüche und Verhütungsmittel ein sowie für Familienrechte wie Scheidung, Sorgerecht und Unterhaltszahlungen. Der Widerstand gegen das Patriarchat resultierte in dauerhaften Erfolgen für die Frauenrechte, einschließlich der Einrichtung von Frauenhäusern in vielen Ländern und das Recht auf Abtreibung, in den USA durch das Urteil des obersten Gerichtshofs im Fall Roe gegen Wade. Das Konzept des Patriarchats ist auch heute noch ein zentrales Thema des feministischen Aktivismus, wie bei der #MeToo-Kampagne gegen sexuelle Gewalt.

VERWANDTE THEMEN
Siehe auch
FRAUENBEFREIUNGS-BEWEGUNG
Seite 18

ENTSCHEIDUNG & ABTREIBUNG
Seite 100

#FEMINISMUS
Seite 152

3-SEKUNDEN-BIOGRAFIE
KATE MILLETT
1934–2017
US-Feministin, machte durch ihr Buch *Sexus und Herrschaft* den Begriff Patriarchat bekannt.

BELL HOOKS
1952–
US-Autorin, kritisierte in ihrem Buch *Ain't I A Woman?* den Ausschluss schwarzer Frauen aus dem Feminismus.

30-SEKUNDEN-TEXT
Shannon Harvey

Radikale Feministen sehen im Patriarchat die Hauptursache für die Unterdrückung der Frau.

FRAUENHÄUSER

in 30 Sekunden

3-SEKUNDEN-ANRISS
Feministische freiwillige Helfer eröffneten die ersten Frauenhäuser in den 1970ern. Frauen finden dort Zuflucht vor ihren gewalttätigen Ehemännern.

3-MINUTEN-INFO
Aus der Chiswick Frauenhilfe wurde ein gemeinnütziges Frauenhaus, dessen Gründerin Erin Pizzey sich selbst nie als Feministin angesehen hat. Tatsächlich wurde sie später zu einer Männeraktivistin, nachdem viele Frauen, die sie betreute, eingeräumt hatten, selbst Gewalt gegen Männer angewandt zu haben. Mit Verbreitung der Frauenhäuser wurde häusliche Gewalt stärker wahrgenommen, häufig übernahmen lokale Verwaltungen, die Polizei oder Wohltätigkeitsorganisationen die Leitung der Einrichtungen.

Ein heruntergekommenes, überbelegtes Haus der Chiswick Frauenhilfe im Westen Londons wurde 1971 zur ersten Zufluchtstätte für Frauen auf der Flucht vor häuslicher Gewalt. Die Geschichten der Frauen über gewalttätige Ehemänner brachten die brutale Realität an den Tag. Feministische Aktivisten erkannten schnell das Potenzial der Frauenhäuser, denn Frauen hatten vor dem Familiengericht damals kaum Rechte. Mithilfe von ehrenamtlichen Helfern entstanden überall in Großbritannien Frauenhäuser, ein Trend, der sich auch durch Europa, die USA und Australien zog. Die Frauenhäuser entwickelten sich zu anerkannten wohltätigen Einrichtungen, die professionell geführt wurden. Es gibt Schwerpunkthäuser für etwa schwarze Frauen oder solche aus ethnischen Minderheiten, aber auch für Frauen mit Drogen- und Alkoholproblemen. Die Frauenhäuser lenkten den öffentlichen Blick auf die häusliche Gewalt. In Duluth, Minnesota, entwickelten Feministen das „Rad der Gewalt", das veranschaulicht, wie gewalttätige Partner nicht nur körperlichen und sexuellen Missbrauch ausüben, sondern auch finanzielle, emotionale und psychologische Kontrolle.

VERWANDTE THEMEN
Siehe auch
FRAUENBEFREIUNGS-
BEWEGUNG
Seite 18

INSTITUTIONELLER FEMINISMUS
Seite 24

DIE REFORM DES
FAMILIENGESETZES
Seite 86

3-SEKUNDEN-BIOGRAFIE
ERIN PIZZEY
1939–
Eröffnete 1971 die Chiswick Frauenhilfe, die erste Zuflucht für Frauen aus häuslicher Gewalt.

30-SEKUNDEN-TEXT
Shannon Harvey

Erin Pizzey wollte den Kreislauf der häuslichen Gewalt durchbrechen, indem sie die Opfer von den Tätern trennte.

26. September 1946
Geboren in Camden, New Jersey, USA

1955
Wurde als 9-jährige sexuell belästigt

1965
Bezeugt, dass sie in Gewahrsam, in den sie nach einer Anti-Kriegs-Demonstration kam, von Ärzten sexuell belästigt wurde

1968
Schließt das Studium der Literaturwissenschaften in Bennington, einem Frauen-College in Vermont, ab

1969
Zieht nach Amsterdam und heiratet Cornelius Dirk de Bruin, der sie schwer misshandelt

1971
Entflieht ihrer gewalttätigen Ehe und wird obdachlos, bestreitet ihren Lebensunterhalt als Prostituierte

1972
Lernt über Ricki Abrams radikale, amerikanische feministische Schriften kennen.

1972
Beginnt zusammen mit Ricki Abrams *Woman Hating* zu schreiben und kehrt in die USA zurück

1974
Lernt den schwulen feministischen Aktivisten John Stoltenberg kennen, mit dem sie bis zu ihrem Tod zusammenlebt.

1974
Ihr erstes Buch, *Woman Hating: A Radical Look at Sexuality* kommt heraus

1976
Ist Mitorganisatorin von Kundgebungen anlässlich des Splatterfilms *Snuff* in New York

1978
Spricht auf dem ersten Take Back the Night-Marsch in San Francisco

1981
Veröffentlicht *Pornography: Men Possessing Women*

1983
Erarbeitet mit Catherine MacKinnon im Auftrag der Stadt Minneapolis einen antipornografischen Gesetzentwurf

1986
Sagt vor der Meese Commission in New York gegen die Pornoindustrie aus

1989
Intercourse erscheint, worin sie ihre Ansichten über Pornografie auf heterosexuellen Geschlechtsverkehr ausweitet

2002
Bringt ihre Autobiografie *Heartbreak: The Political Memoir of a Feminist Militant* heraus

9. April 2005
Stirbt 58-jährig zu Hause in Washington, DC

ANDREA DWORKIN

Ihre Missbrauchserfahrungen

flossen in Andrea Dworkins kompromisslose Abhandlungen gegen männliche Gewalt ein und formten im feministischen Aktivismus eine knallharte Front gegen Pornografie und Prostitution. Nach und nach entwickelte sie ihre Analyse darüber, wie die männliche Dominanz in der Pornografie den Weg für andere Formen der Gewalt an Frauen ebnete.

Dworkins Aktivismus wurzelte in mehrfachen, furchtbaren Erfahrungen mit Gewalt als Kind und als junge Erwachsene. Mit neun wurde sie in ihrer Heimatstadt belästigt. Zehn Jahre später, nach einer Demonstration gegen den Vietnam-Krieg, vergingen sich während ihres Gewahrsams Ärzte an ihr. Mit Anfang 20 schlug sie ihr erster Ehemann, der niederländische Anarchist Dirk de Bruin, und drückte Zigaretten auf ihr aus. Sie flüchtete aus dieser Ehe und wurde obdachlos. In ihrer Not bot sie sich als Prostituierte an.

Ganz unten angekommen, traf Dworkin auf Ricki Abrams. Sie machte sie mit radikal-feministischer Literatur bekannt, gemeinsam begannen sie ein Buch zu schreiben. Sie beendete *Woman Hating* in den USA. Das Buch beschreibt, mit welch gewalttätigen, kulturellen Praktiken Frauen weltweit unterworfen werden, vom chinesischen Füßebinden bis zur Pornografie. In den folgenden sieben Jahren entwickelte Dworkin ihre Gedanken weiter und argumentierte, dass Prostitution und Pornografie grundsätzlich ausbeutenden Charakter haben und Frauen wie Eigentum behandeln. In ihrem späteren Buch *Intercourse* schreibt sie, dass heterosexueller Sex an sich schon das Potential der Unterwerfung von Frauen in sich birgt.

Dworkins Texte basieren häufig auf ihren Reden. Sie sprach mit Leidenschaft und Eloquenz über die Gewalt, die Männern Frauen antun. Ihr Aktivismus ging über bloßen Protest hinaus. In den frühen 1980ern arbeitete sie mit der Rechtswissenschaftlerin Catharine MacKinnon im Auftrag der Stadt Minneapolis an einem Gesetzesentwurf, der Pornografie als Verletzung der Bürgerrechte klassifizierte. Wäre es in Kraft getreten, hätten Frauen Produzenten und Verlage für den entstandenen Schaden verklagen können.

Shannon Harvey

FAMILIENRECHTS-REFORM

in 30 Sekunden

Der Zulauf in den Frauenhäusern

veranlasste die Aktivisten, sich mit dem geltenden Recht zu beschäftigen, unter dem Frauen diskriminiert wurden. Verließen Frauen ihre gewalttätigen Ehemänner, standen sie häufig mittellos da und mussten um das Sorgerecht ihrer Kinder kämpfen. Groß angelegte Kampagnen forderten eine Reform des Familienrechts. Zwischen 1970 und 1990 traten weltweit Gesetze zur Regelung von Kindesunterhalt und Unterhaltsvorschuss in Kraft. Damit sollen sich Väter auch dann für die Bedürfnisse ihrer Kinder finanziell einsetzen, wenn sie nicht mit ihnen zusammenleben. Auch spätere Risiken wurden bedacht, wenn die Mütter den Vätern Kontakt zu ihren Kindern ermöglichen mussten. Nach und nach wurden Maßnahmen für solche Fälle eingeführt, einschließlich überwachter Treffen. Durch einstweilige Verfügungen sollte es den gewalttätigen Männern unmöglich gemacht werden, Kontakt zu ihren früheren Partnerinnen aufzunehmen. Neben den Kampagnen für Rechte, die nach Aufhebung einer Ehegemeinschaft gelten sollten, kämpften Frauen auch für Rechte innerhalb der Institution Ehe. 1989 wurde in England in einer bahnbrechenden Verhandlung gegen Kiranjit Ahluwalia, die ihren Ehemann getötet hatte, die Tatsache, dass ihr Mann sie jahrelang misshandelte, als Verteidigungsargument zugelassen. 1991 wurde der Tatbestand der Vergewaltigung in der Ehe anerkannt.

3-SEKUNDEN-ANRISS
Da die bisherige Familiengesetzgebung die Machtposition der Männer erhärtete, strebten Feministen Reformen an, die die Rechte von Kindern und Frauen stärken sollten.

3-MINUTEN-INFO
Fortschrittliche Familiengesetze haben im Lauf der letzten Jahrzehnte bisweilen unvorhergesehene Auswirkungen gezeigt: In Australien hat die Pflicht beider Elternteile, sich auch nach einer Trennung gemeinschaftlich um die Kinder zu kümmern, zu Manipulationen der Ex-Partnerin geführt, in England wird häusliche Gewalt als Teil von Gewalt gegen Kinder angesehen und Frauen, die sich nicht von gewalttätigen Partnern trennen, verlieren ihre Kinder.

VERWANDTE THEMEN
Siehe auch
INSTITUTIONELLER
FEMINISMUS
Seite 24

FRAUENHÄUSER
Seite 82

VERGEWALTIGUNGSKULTUR
Seite 88

3-SEKUNDEN-BIOGRAFIE
KIRANJIT AHLUWALIA
1955–
Nach Jahrzehnten körperlicher Misshandlungen tötete sie ihren Mann. Die asiatische Londoner Frauenorganisation Southall Black Sister half ihr bei der Berufungsverhandlung.

30-SEKUNDEN-TEXT
Shannon Harvey

Feministen gehen seit langem gegen veraltete Gesetze für Ehe, Scheidung, Sorgerecht und Eigentum an.

VERGEWALTIGUNGS-KULTUR

in 30 Sekunden

Der Feminismus der 1970er Jahre

setzte auf die Verbreitung von Sexismuserfahrungen. Als Frauen damit anfingen, ihre persönlichen Erlebnisse zu veröffentlichen, war schnell ersichtlich, dass Vergewaltigung nicht nur ein persönliches Trauma ist, sondern ein weit verbreitetes gesellschaftliches Problem. Feministen sprachen vom systematischen Einsatz von Vergewaltigung zur Kontrolle von Frauen und nannten dies Vergewaltigungskultur. Eine Analyse kultureller Ansichten und Praktiken führte zu der Erkenntnis, dass Männer Frauenkörper als sexuelles Eigentum ansahen, was sich in Mode, Werbung und Gesetzgebung zeigte. Schwarze Feministen untersuchten die Folgen des Kolonialismus, in dem farbige Frauen sexualisiert wurden, so dass sie auch heute noch überproportional von Vergewaltigungen betroffen sind. 1972 wurde das erste Krisencenter für Vergewaltigungsopfer in Washington, DC eingerichtet. Betroffene fanden dort Hilfe und von dort wurden Gesetzesänderungen gefordert. In den folgenden Jahrzehnten gewannen Feministen entscheidende Schlachten, so wurde in den 1990ern Vergewaltigung in der Ehe in einigen Staaten zur Straftat erklärt. Es entstanden weitere Krisencenter, Polizeikräfte und Richter wurden entsprechend ausgebildet und es fanden Kampagnen zur Bewusstseinsbildung statt. Dennoch ist kulturelles Verhalten, bei dem Männer ohne Strafverfolgung vergewaltigen dürfen, verbreitet. Weltweit ist das Ausmaß an sexueller Gewalt nach wie vor hoch.

3-SEKUNDEN-ANRISS
Als sie anfingen, ihre Geschichten über sexuelle Misshandlung zu teilen, machten Feministen deutlich, dass Vergewaltigungen als Machtinstrument eingesetzt werden.

3-MINUTEN-INFO
Im digitalen Zeitalter zieht der Aktivismus gegen die Vergewaltigungskultur weite Kreise. „SlutWalks" wurden überall durchgeführt, nachdem ein kanadischer Polizist 2011 vorschlug, dass Frauen Vergewaltigungen vermeiden könnten, wenn sie sich nicht wie „Schlampen" anziehen würden. Es gab weltweite Proteste gegen die Gruppenvergewaltigung von Jyoti Singh 2012 in Delhi. 2017 nahmen weltweit Frauen und Männer in Rekordzahlen an den Women's Marches teil, um gegen den neuen US-Präsidenten Donald Trump zu demonstrieren, der sich sexueller Übergriff brüstete.

VERWANDTE THEMEN
Siehe auch
BEWUSSTSEINSBILDUNG
Seite 62

#FEMINISMUS
Seite 152

3-SEKUNDEN-BIOGRAFIE
SUSAN BROWNMILLER
1935–
Journalistin, schrieb *Gegen unseren Willen*, eine Beschreibung, auf welche Weisen Vergewaltigung in der Geschichte als Kontrollmittel über Frauen gedient hat.

TARANA BURKE
1973–
Gründete 2006 die #MeToo-Kampagne auf MySpace, wurde weltbekannt nach den Vergewaltigungsvorwürfen gegen den Filmproduzenten Harvey Weinstein.

30-SEKUNDEN-TEXT
Shannon Harvey

Durch den Austausch ihrer persönlichen Traumata erkannten Frauen, dass Vergewaltigung eine Taktik der Macht war.

MÄNNLICHE POLITIK

in 30 Sekunden

Mit dem Erstarken der Frauenbefreiungsbewegung in den 1970ern gewann
auch die Schwulenfreiheitsbewegung an Fahrt.
Obwohl beide Bewegungen immer eng miteinander verbunden waren, wurde erst in den
1990ern die Kritik von schwulen Männern und
Transfrauen an kulturellen Normen für Männlichkeit nachdrücklich in den Feminismus
aufgenommen. Die Australierin Raewyn Connell
verwendete in den 1980ern als erste den Begriff
„hegemoniale Männlichkeit", um zu beschreiben, welche kulturellen Rituale und Praktiken
Männer und Jungs durchlaufen müssen, um das
Privileg der männlichen Macht zu erhalten. In
westlichen Kulturen etwa dürfen Jungs nicht
weinen und werden als „Mädchen" beschimpft,
wenn sie es dennoch tun. Während Feministen
die durch die gesellschaftlichen Strukturen
verursachten Nachteile für Frauen untersuchten,
passierte das für die männliche Seite durch
schwule und Trans-Aktivisten. Zusammen traten
sie für ein breiteres Verständnis von Weiblichkeit und Männlichkeit ein. Die kanadische queere
Philosophin Judith Butler ging noch einen
Schritt weiter und forderte die Bezeichnungen
Gender in der Diversität, Feminitäten und
Maskulinitäten, da die Erfahrungen vielfältig
und in großem Ausmaß abhängig seien von
Faktoren wie Klasse oder Rasse.

3-SEKUNDEN-ANRISS
In den 1980ern begannen
Frauen zu beschreiben,
dass auch Männer durch
den Erwartungsdruck
litten, ihrer maskulinen
Rolle gerecht zu werden.

3-MINUTEN-INFO
Connells Ideen spiegeln
sich heute in dem
geläufigeren Begriff
„toxische Maskulinität"
wider. Zwar gibt es positive
Veränderungen in
kulturellem Verhalten
(Männer erledigen etwa
einen größeren Anteil
unbezahlter Hausarbeit), so
gibt es doch auch einen
Gegenschlag. Die
Online-Gemeinde von Incel
(unfreiwilliges Zölibat) ist
überzeugt, dass ihnen das
Recht auf Sex mit Frauen
verwehrt wird. Durch diese
Gruppe kam es in den USA
zu Massenerschießungen.

VERWANDTE THEMEN
Siehe auch
GEGENSCHLAG
Seite 36

QUEERER FEMINISMUS
Seite 130

WHIPPING GIRL
Seite 132

3-SEKUNDEN-BIOGRAFIE
RAEWYN CONNELL
1944–
Australische Soziologin und
Transfrau, veröffentlichte 1995
ihre Theorie der hegemonialen
Maskulinität in *Der gemachte
Mann*.

30-SEKUNDEN-TEXT
Shannon Harvey

*Gender-Stereotypen haben
sich gleichermaßen für
Männer und Frauen als
schädlich herausgestellt.*

VOM PATRIARCHAT ZUM KYRIARCHAT

in 30 Sekunden

Während sich feministische

Kampagnen in den 1970ern um das Konzept des Patriarchats drehten, beschäftigten sich schwarze Feministen mit den Grenzen des Patriarchats. Autorinnen wie bell hooks beschrieben, wie weiße Frauen sich der Strukturen von Sklaverei und Rassismus bedienten, um weiterhin Kontrolle über schwarze Männer auszuüben und wie schwarze Frauen sowohl durch Sexismus als auch durch Rassismus unterdrückt wurden. Diese Diskussionen zeigten, dass „Patriarchat" nicht ausreichte, um die verschiedenen Formen der Diskriminierung von Frauen sichtbar zu machen. Ende der 1980er verbreitete sich der Begriff „Intersektionalität" als Ausdruck für die speziellen, rassistischen Arten des Sexismus, der sich gegen schwarze Frauen richtete. Darauf basierend erdachte die feministische Theologin Elisabeth Schüssler Fiorenza „Kyriarchie" vom griechischen Wort *kyrios* für Herr – als Alternative zum Patriarchat. In der Kyriarchie werden Frauen nicht nur durch patriarchalische Strukturen unterdrückt, sondern durch ein verzweigtes System von Sexismus, Rassismus, Homophobie, wirtschaftlicher Ungerechtigkeit und mehr. Als in den späten 2000ern das feministische Bloggen plötzlich massiv betrieben wurde, verbreitete ein Post von Schüsslers Studentin Lisa Factora-Borchers das Konzept der Kyriarchie. Der Begriff wurde begeistert aufgenommen, mit ihm lassen sich gesellschaftliche Strukturen der Macht jenseits der Grenzen des Patriarchats benennen und diskutieren.

VERWANDTE THEMEN
Siehe auch
INTERSEKTIONALITÄT
Seite 72

SCHWARZER FEMINISMUS
Seite 126

In der Kyriarchie werden Frauen auf mehr Arten unterdrückt als im Patriarchat.

MEIN KÖRPER, MEINE ENTSCHEIDUNG

Abbruch Eine Schwangerschaft bewusst durch Entfernen des Embryos oder des Fötus beenden. Legalität und Ansichten darüber sind weltweit unterschiedlich.

Abtreibungsbefürworter Sind für das Recht auf Abtreibung. Abtreibungsgegner sind dagegen.

erzwungene Sterilisation Die Reproduktionsfähigkeit von Personen ohne deren Einwilligung beenden, im Regierungsauftrag und häufig bei Frauen von Minderheiten durchgeführt.

farbige Frauen Begriff, der alle Frauen mit farbiger Hautfarbe umfasst, stammt aus der Bewegung „Gewalt gegen Frauen" und wurde in den 1970ern zum Überbegriff für Frauen aus Minderheiten, die an den Rand gedrängt wurden und als gemeinsame Faktoren Rasse und Ethnie aufwiesen.

First Nations Eingeborene Völker in Kanada, südlich des Arktischen Kreises, außer Métis oder Inuit.

geschlechtsspezifisch Definiert die Auswirkung von Erfahrungen in Bezug auf das Geschlecht.

Heteronormativität Ansicht, dass alle Menschen in spezifische und sich ergänzende (männliche und weibliche) Geschlechterrollen hineinrutschen, mit der heterosexuellen Orientierung und Cisgender als „normale", richtige Identifizierung.

Heterosexismus Diskriminierung von LGBT-Menschen aufgrund der Ansicht, dass verschiedengeschlechtliche Beziehungen und Paare die Norm sind.

institutionalisierte Kultur Bestimmte Auffassungen (Glaube, Norm, soziale Rollen, Werte oder Verhalten) als Teil eines gesellschaftlichen Systems.

körperliche Selbstbestimmung Das Recht, ohne äußere Einflussnahme oder Zwang über den eigenen Körper zu bestimmen.

LGBT Lesben, Schwule, Bisexuelle und Transsexuelle.

Pränataldiagnostik Untersuchungs- und Diagnostikprozess zur Früherkennung von Problemen und Defekten in der Schwangerschaft und/oder mit dem Embryo. Ethisch fragwürdig, weil vermutlich Behinderungsstereotypisierungen und selektive Abbrüche dadurch gefördert werden.

reproduktive Gerechtigkeit Ein Begriff des SisterSong Reproductive Health Collective aus den 1990ern. Es sei „das Recht des Menschen, über seinen Körper eigenverantwortlich zu entscheiden, sich für oder gegen Kinder zu entscheiden und diese Kinder in sicheren und verlässlichen Gemeinschaften zu erziehen."

selektive Abtreibung Abbruch einer Schwangerschaft, wenn festgestellt wurde, dass der Fötus unerwünschte Eigenschaften besitzt.

Sex-positiver Feminismus Anfänge in den frühen 1980ern, konzentrierte sich darauf, dass sexuelle Freiheit eine wichtige Komponente der Freiheit von Frauen sei.

sexuelles Einvernehmen Freiwilliges Einverständnis zu sexueller Aktivität. Da viele Faktoren zu einer rechtlich anerkannten Zustimmung führen, die es schwierig machen, sexuelle Übergriffe zu definieren.

Sitten Bräuche, Normen, Verhalten und Praktiken, die in einer Gesellschaft oder sozialen Gruppe akzeptiert sind.

soziale Gerechtigkeit Faire und gleiche Verteilung von Besitz, Möglichkeiten und Privilegien innerhalb einer Gesellschaft.

soziales Modell von Behinderung Reaktion auf das medizinische Modell von Behinderung, das die komplexe Interaktion zwischen Merkmalen des Körpers mit Merkmalen der Gesellschaft widerspiegelt und die Gesellschaft als ursächlichen Hauptfaktor für die Beeinträchtigung sieht.

Verhütung Mittel zum Schutz vor Schwangerschaften, im 20. Jahrhundert leicht zugänglich geworden, in vielen Kulturen oder Ländern noch immer stigmatisiert oder sogar illegal. Verfügbarkeit und Einsatz von Verhütungsmitteln ist eng mit der sexuellen Befreiung der Frauen verbunden.

FRAUEN & DIE SEXUELLE BEFREIUNG

in 30 Sekunden

Die Geschichte hat gezeigt, dass

Frauen, die ihre Sexualität auslebten, mit Repressalien rechnen mussten, speziell, wenn sie dieses außerhalb einer heterosexuellen Ehe taten. 1921 gründete die Wissenschaftlerin Margaret Sanger die American Birth Control League und begann mit der Entwicklung eines pharmazeutischen Verhütungsmittels. Als 1960 die Anti-Baby-Pille für den Markt zugelassen wurde, bestand damit zum ersten Mal die Möglichkeit, Sex und Fortpflanzung zu trennen, was zu einem völlig neuen Verhältnis zwischen heterosexuellen Männern und Frauen führte. Der Pille folgte die zweite Welle des Feminismus und hatte unter anderem Schwerpunkte auf Spaß beim Sex für Frauen und dem vaginalen Orgasmus. Als Reaktion darauf wurde die Pille in weiten Teilen der Welt verboten. Ein Song (Lorretta Lynns „The Pill") über die neugewonnene Freiheit der Frauen wurde sogar auf den Index gesetzt. Aktivismus und feministische Theorie haben sich seitdem weiterentwickelt und kümmern sich inzwischen um Themen wie Einvernehmen und die Entstigmatisierung weiblicher Masturbation. Dabei entstand der Sex-positive Feminismus. Die große Anzahl an Online-Geschichten über Belästigung und sexueller Gewalt verdeutlichen, dass die sexuelle Befreiung noch ganz am Anfang steht.

3-SEKUNDEN-ANRISS
Männliche Dominanz in Wissenschaft, Kultur und Politik fördern auch weiterhin die sexuell-politische Kontrolle der Frauen durch Männer.

3-MINUTEN-INFO
Durch die Geschichte des Patriarchats hinweg und weltweit war die weibliche Sexualität auf viele Arten ein Spielplatz der Unterdrückung: ihr sexuelles Verhalten konnte zur Diagnose „hysterisch" führen oder ihre Genitalien wurden teilweise entfernt, manchmal hieß es, sie würden ihren Ehemännern den Sex „schulden". Unterdrückung von Frauen geht häufig mit Verlangen einher, am offensichtlichsten vielleicht in der Mainstream-Pornografie, Werbung, bei Musikvideos und Spielekonsolen.

VERWANDTE THEMEN
Siehe auch
OBJEKTIFIZIERUNG
Seite 64

BODY POSITIVITY
Seite 66

VERGEWALTIGUNGSKULTUR
Seite 88

3-SEKUNDEN-BIOGRAFIE
MARGARET SANGER
1879–1966
Geburtskontroll-Aktivistin, Autorin, Krankenschwester, Verfechterin von Frauenrechten, eröffnete das erste Zentrum für Geburtenkontrolle.

30-SEKUNDEN-TEXT
Minna Salami

Verfügbarkeit von und Zugang zu Verhütungsmitteln war erst der Beginn der sexuellen Befreiung der Frauen.

ENTSCHEIDUNG & ABTREIBUNG

in 30 Sekunden

Das bewusste Beenden einer Schwangerschaft – die Abtreibung – bedeutet für Feministen ein fundamentales Recht, da Frauen dadurch entscheiden können, wann, wie und ob sie Kinder bekommen. Sind ihnen sichere und legale Abbrüche verwehrt, bestehen nur zwei Möglichkeiten: die Schwangerschaft fortsetzen oder einen illegalen und potenziell gefährlichen Abbruch. Fundamental im Kampf für legale Abtreibungen ist es, ungewollte Schwangerschaften zu verhindern und die Kontrolle über ihre Fortpflanzung in die Hände der Frauen zu geben. Dafür setzten sich die Abtreibungsbefürworter ein, die in den 1960ern und 70ern erreichten, dass Abbrüche in vielen Ländern per Gesetz zugelassen wurden. Die Bewegung ging einher mit der zunehmenden Akzeptanz von Verhütungsmitteln und Familienplanung. Die Vereinten Nationen klassifizieren die Möglichkeit auf Schwangerschaftsabbrüche als grundsätzliches Menschenrecht. Einige Länder erschweren den Zugang zu Abtreibungen erheblich oder verbieten sie, einschließlich Polen, Malta und El Salvador. Dies sind meist Länder, in denen die Religion eine sehr große Rolle spielt.

3-SEKUNDEN-ANRISS
Nur wenn eine Abtreibung möglich ist, können Frauen entscheiden, ob sie die Schwangerschaft beenden möchten oder nicht - für Feministen Voraussetzung für die Kontrolle über Körper und Leben.

3-MINUTEN-INFO
In den meisten Ländern dürfen Schwangerschaften unterbrochen werden (unter bestimmten Bedingungen legal), es gibt aber auch Länder, in denen Abtreibungen absolut frei sind (es gibt keine Gesetzgebung dafür). Ein Beispiel ist Kanada, wo es seit 1988 keine rechtlichen Beschränkungen für Abtreibungen gibt. Fürsprecher halten das für die beste Lösung, da der Staat sich heraushält, die Frauen freier in ihren Entscheidungen sind und Hilfesuchende keine Angst vor Strafen zu haben brauchen.

VERWANDTE THEMEN
Siehe auch
DER KAMPF UM RECHTE FÜR SCHWANGERE UND GEBÄRENDE
Seite 102

BEHINDERUNG & ABTREIBUNG
Seite 108

SISTERSONGS MANIFEST DER REPRODUKTIVEN GERECHTIGKEIT
Seite 112

3-SEKUNDEN-BIOGRAFIE
HENRY MORGENTALER
1923–2013
Kanadischer Arzt, nahm illegal Abtreibungen vor, sein Sieg vor Gericht hatte die Dekriminalisierung von Abtreibungen in Kanada zur Folge.

REBECCA GOMPERTS
1966–
Ärztin, gründete Women on Waves, wo Frauen auf freier See Abtreibungen vornehmen lassen können, die in ihrem Land illegal sind.

30-SEKUNDEN-TEXT
Gillian Love

Frauen überall auf der Welt finden den Weg zu Abtreibungen, egal, wie die Gesetzeslage ist.

DER KAMPF UM RECHTE VON SCHWANGEREN UND GEBÄRENDEN

in 30 Sekunden

3-SEKUNDEN-ANRISS
Schwangerschaft und Geburt sind fruchtbarer Boden für den Kampf um die Selbstbestimmung der Frauen über ihre Körper.

3-MINUTEN-INFO
Frauen bilden einen steigenden Anteil der Erwerbstätigen. Feministen haben sich gegen Diskriminierung von Schwangeren am Arbeitsplatz eingesetzt. Vor Einführung diverser Gesetzesänderungen verloren Frauen in der Schwangerschaft häufig ihre Arbeit oder wurden in den unbezahlten Urlaub geschickt. Unzählige Kämpfe endeten vor Gericht mit bezahltem Erziehungsurlaub für Mütter, manchmal auch für Väter, so dass die Kindererziehung leichter geteilt werden kann.

Der Kampf um Schwangerschafts- und Geburtsrechte war auf die Verfügbarkeit von Verhütungsmitteln und legalen Abbrüchen beschränkt. Feministen haben sich zusätzlich für eine angemessene Schwangerschaftsbetreuung eingesetzt, die Würde, Entscheidungen und das Einverständnis der Schwangeren berücksichtigt. Früher lag der Fokus bei den Geburten nicht unbedingt auf dem Wohl der werdenden Mutter. Viele Ratschläge und Anweisungen der Ärzte waren reine Spekulationen, da Männer aus sittlichen Gründen nicht bei der Geburt anwesend sein durften – der Vorgang galt als private, weibliche Angelegenheit. Die Sterberaten der Mütter waren hoch, Schmerzerleichterung gab es so gut wie nicht, denn die Schmerzen bei der Geburt wurden meist als heilige Pflicht angesehen, als Strafe für Evas Sünden im Garten Eden. Später bestimmten fast ausschließlich männliche Ärzte über den Verlauf von Schwangerschaft und Geburt. Hebammen wurden oft fortgeschickt und nicht selten fixierte man Frauen während der Wehen ans Bett. Glücklicherweise hat sich viel verändert seitdem. Handhygiene und Schmerzmittel bei Geburten haben die Sterberaten herabgesetzt und verhindern unnötige Schmerzen. Frauenrechtsanwälte haben dafür gesorgt, dass medizinisches Personal das Einverständnis der werdenden Mütter für alle ihre Handlungen einholen müssen.

VERWANDTE THEMEN
Siehe auch
BODY POSITIVITY
Seite 66

FRAUEN & SEXUELLE BEFREIUNG
Seite 98

ENTSCHEIDUNG & ABTREIBUNG
Seite 100

3-SEKUNDEN-BIOGRAFIE
SARA JOSEPHINE BAKER
1873–1945
Ärztin, Vorreiterin auf dem Gebiet der öffentlichen Gesundheitsfürsorge, speziell für Kinder und Frauen, Frauenrechtsaktivistin.

MARGARET SANGER
1879–1966
Geburtenkontrollaktivistin aus Amerika, Sexualerzieherin

SHEILA KITZINGER
1929–2015
Britische Aktivistin für natürliche Geburten, Autorin

30-SEKUNDEN-TEXT
Nadia Mehdi

Mutterschutzrechte sind für die körperliche Selbstbestimmung ebenso wichtig wie das Recht auf Abtreibung.

30. April 1977
Tag des ersten Marsches der Mütter der Plaza de Mayo

Dezember 1977
Zwei der Gründerinnen der Madres de Plaza de Mayo, Esther Careaga und Eugenia Bianco, verschwinden. Am Internationalen Tag der Menschenrechte erscheint ein Zeitungsbericht der Mütter mit den Namen der vermissten Kinder. Die Gründerin Azucena Villaflor ist unauffindbar, angeblich wurde sie aus einem Flugzeug ins Meer geworfen

1978
Die Fußballweltmeisterschaft findet in Argentinien statt, die internationale Presse berichtet über die Mütter

1982
Die Organisation wächst von 14 auf einige tausend Frauen

1983
Ende der militärischen Diktatur. Die Mütter werden zur politischen Gruppe und verlangen auf ihrem wöchentlichen Marsch Gerechtigkeit für die Verschwundenen

2005
Die Überreste von Azucena Villaflor werden gefunden, ihre Asche wird auf dem Plaza de Mayo beigesetzt

2016
Mehr als 1000 Mörder und Folterer stehen vor Gericht, 700 werden verurteilt

2018
128 Babys von verschwundenen Müttern, die von Militärfamilien adoptiert wurden, werden als Erwachsene ihren biologischen Familien zugeführt

DIE MÜTTER DER PLAZA DE MAYO

Die Mütter der Plaza de Mayo ist eine Organisation argentinischer Frauen, deren Kinder während der Militärdiktatur von 1976–1983 verschwanden. 14 Mütter, die immer wieder in Buenos Aires in einer Behörde auf Informationen über ihre Kinder gewartet hatten, beschlossen am 30. April 1977, gemeinsam auf der Plaza de Mayo, dem Platz der Mai-Revolution, gegen die Politik des Staates, der keine Opposition duldete, zu demonstrieren.

Die Mütter trugen weiße Kopftücher mit den Namen ihrer Kinder, die als Symbol für deren Windeln standen, und dafür, dass sie nicht bereit waren, zu trauern. Da öffentliche Versammlungen von mehr als drei oder vier Menschen verboten waren, marschierten sie in Paaren um den Platz.

In den nächsten 40 Jahren fand dieser Marsch wöchentlich statt. Ihren Angaben nach wurden zwischen 1970 und 1980 mehr als 30 000 Menschen aus allen behördlichen Aufzeichnungen gelöscht, eine Verfolgung ihres Schicksals ist unmöglich. Die meisten von ihnen sind vermutlich tot, aber um die 500 sollen von gefangengehaltenen Frauen geboren sein, die nach der Geburt getötet wurden. Ihre Babys wurden illegal von Militärfamilien adoptiert, damit keine weitere Generation von Staatsfeinden aufwuchs. Drei der Gründerinnen der Mütter der Plaza de Mayo – Azucena Villaflor, Esther Careaga und Eugenia Bianco – wurden selbst von der Regierung entführt, gefoltert, ermordet und verschwanden von der Bildfläche.

Die Mütter waren die erste Gruppe, die gegen die Menschenrechtsverletzungen durch die Militärdiktatur demonstrierte. Sie besteht ausschließlich aus Frauen. Dafür gibt es drei Gründe: Ihre Stimmen und Taten sollten in einem von Männern dominierten Umfeld nicht untergehen, aber sie befürchteten, dass Männer, anstatt unmittelbar zu handeln, auf langwierigen bürokratischen Vorgängen bestehen würden, um ihre Kinder zurückzubekommen und sie waren der Ansicht, dass Frauen emotional ausdauernder und stärker sind als Männer. Die Regierung wollte sie verunglimpfen, nannte sie „die Verrückten", aber ihre Unerschütterlichkeit brachte ihnen lokale und internationale Beachtung und Anerkennung ein.

Die Mütter sind auch nach Ende der Diktatur unermüdlich um Gerechtigkeit für ihre verschwundenen Familienmitglieder und die Zusammenführung Überlebender mit ihren biologischen Familien bemüht. Nach wie vor lehnen sie Bestechungsgelder durch die Regierung und die Erklärung „vermutlich tot" ab, solange diejenigen, die am Verschwinden mitschuldig sind, straffrei davonkommen.

Nadia Mehdi

MUTTERSCHUTZ-URLAUB & KINDERBETREUUNG

in 30 Sekunden

Mutterschutzurlaub – bezahlt

oder unbezahlt – wurde im 20. Jahrhundert immer üblicher und ermöglichte es Müttern, ihre Arbeit einige Zeit nach der Geburt wieder aufzunehmen. Mexiko reagierte 1917 auf feministische Forderungen und fügte seiner Verfassung 1917 einen Monat Mutterschutzurlaub hinzu. Anfang der 1950er genehmigten Länder wie Südkorea und Japan 60 bis 90 Tage bezahlten Urlaub. Die meisten Länder bieten Frauen heute wenigstens drei Monate bezahlten Mutterschutzurlaub und weitere freie Zeiten für Eltern, Ausnahmen davon sind Swaziland, Lesotho, Papua-Neuguinea und die USA. Bezahlte Elternzeit (nicht nur für Mütter) sendet das starke Signal an junge Väter und LGBT-Eltern, dass ihre Rolle bei der Kinderbetreuung genauso wichtig ist. Dadurch werden alte Betreuungshierarchien, die aufgrund von Gender und Status der Partnerschaft bestanden, eingerissen. Historisch gesehen war die Betreuung Frauenarbeit und daher unterbewertet. Mangelhafte oder teure Kinderbetreuung hat Frauen oft dazu gezwungen, ihre Arbeitszeit zu reduzieren, wodurch eine Gender-Einkommenslücke entstand. Um dieses auszugleichen, wurde der feministische Ruf nach kostenloser Kinderbetreuung laut – in den USA bereits in den 1970er durch Streiks bekräftigt. Andere schlagen staatliche Unterstützung oder Ausgleichszahlungen für die Kinderbetreuung zu Hause vor.

3-SEKUNDEN-ANRISS
Das Problem: Mutterschaft geht einher mit eingeschränkter Teilnahme am Arbeitsleben und geringerem Einkommen. Eine Lösung: bezahlter Erziehungsurlaub, allgemeine Kinderbetreuung.

3-MINUTEN-INFO
In den USA gehören Kinderbetreuungskräfte zu den Arbeitnehmern mit dem geringsten Einkommen. Hartnäckiges Eintreten für diese Berufsgruppe und andere Hausangestellte hatte im Staat New York mit dem Erlass von „Grundrechte für Hausangestellte" Erfolg. Diese sehen bezahlten Urlaub und Überstundenausgleich für die meist farbigen Frauen vor, die hauptsächlich in der Kinderbetreuung tätig sind.

VERWANDTE THEMEN
Siehe auch
DIE REFORM DES FAMILIENRECHTS
Seite 86

DER KAMPF UM RECHTE IN SCHWANGERSCHAFT UND GEBURT Seite 102

3-SEKUNDEN-BIOGRAFIE
BENAZIR BHUTTO & JACINDA ARDERN
1953–2007 & 1980–
Die frühere pakistanische Premierministerin Bhutto war die erste gewählte Frau, die während ihrer Amtszeit ein Kind bekam. Neuseelands Premierministerin Jacinda Ardern war die zweite, und die erste, die Erziehungsurlaub nahm.

AI-JEN POO
1974–
Direktorin der National Domestic Workers Alliance, Hauptorganisatorin der Grundrechte für Hausangestellte.

30-SEKUNDEN-TEXT
Sarah Tobias

Erziehungsurlaub ist ein inklusiver Begriff für Angehörige aller Gender, die Erziehungsurlaub nehmen möchten.

BEHINDERUNG & ABTREIBUNG

in 30 Sekunden

3-SEKUNDEN-ANRISS
Pränatale Untersuchungen und selektive Abtreibung sind zur Routine geworden, Behindertenrechtsaktivisten sind deshalb besorgt über unsere Einstellung zu Behinderten.

3-MINUTEN-INFO
Der Umgang mit pränatalen Untersuchungen ist problematisch, denn festzulegen, welche Tests akzeptabel sind und welche nicht, ist schwierig. Es scheint ethisch vertretbar, zu untersuchen, ob ein kurzes, leidvolles Leben bevorsteht, aber nicht auf Nichtigkeiten wie etwa die Augenfarbe zu schauen. Eine Auswahl darüber zu treffen beinhaltet das Risiko, diejenigen mit „ernsthaften" Problemen zu stigmatisieren und „leichtere" Probleme herunterzuspielen.

Feministen, die für die Rechte von Behinderten eintreten, bringen Bedenken bezüglich pränataler Untersuchungen auf genetische und andere Anomalien vor. Die Untersuchungen fußen auf dem medizinischen Modell von Behinderung, das Behinderung als Beeinträchtigung individueller Körper definiert, durch die die betroffenen Personen unfähig sind, mittels ihrer Körperfunktionen Dinge auf dieselbe Weise auszuführen wie nicht behinderte Menschen. Das Modell sieht die Aufgabe der Medizin darin, einzugreifen und diese Körper zu korrigieren oder die Behinderung, wenn möglich, abzuschwächen. Das soziale Modell von Behinderung bezieht jedoch die Position, dass Behinderungen gesellschaftlich konstruiert sind. Körperliche Gebrechen gelten in diesem Modell als neutral, denn die Behinderung besteht nur in unserer augenblicklichen Realität. Ein Beispiel: In einer Gesellschaft ohne geschriebene Sprache wäre eine Lese-Schreibschwäche nicht einschränkend. Behinderungen werden als historisch spezifisch und kontextgebunden verstanden. Institutionalisierte pränatale Untersuchungen etablieren die Vorstellung, dass eine Behinderung ein medizinischer Zustand ist und nicht neutral als Unterschied angesehen wird, der es aufgrund der gegebenen Umstände für Menschen schwieriger macht. Und da auf die Untersuchungen standardmäßig Abtreibungen als „Korrekturen" folgen, bleibt die Vorstellung bestehen.

VERWANDTE THEMEN
Siehe auch
INTERSEKTIONALITÄT
Seite 72

ENTSCHEIDUNG & ABTREIBUNG
Seite 100

3-SEKUNDEN-BIOGRAFIE
ROSEMARIE GARLAND THOMSON
seit 2000–
Setzt sich für Rechte für Behinderte ein, Bioethikerin, Wissenschaftlerin, betraut mit feministischer Behindertenforschung.

30-SEKUNDEN-TEXT
Nadia Mehdi

Aktivisten drängen darauf, dass pränatale Tests und Abtreibungen nicht die Lösung für Behinderung sind.

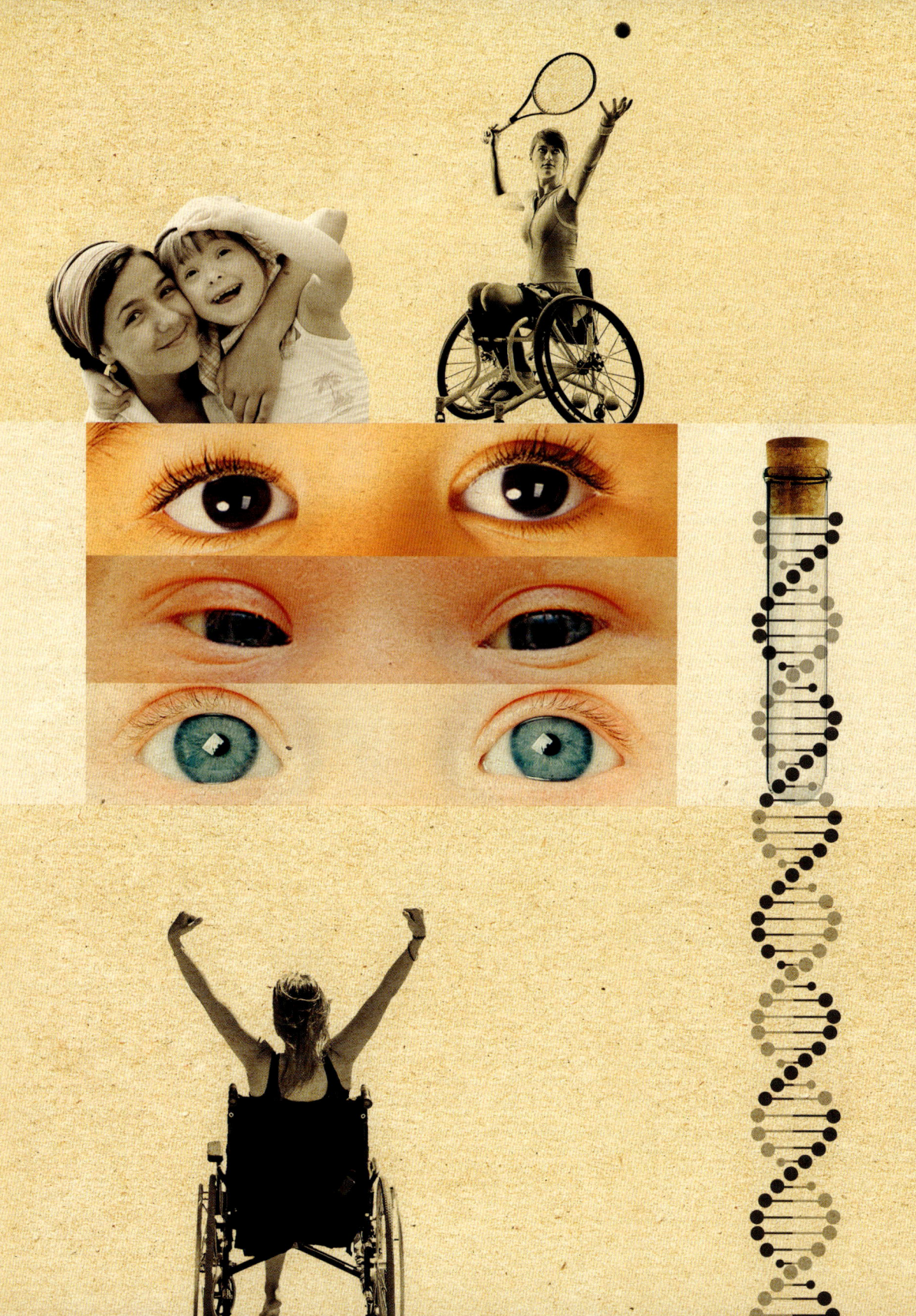

HETEROSEXISMUS

in 30 Sekunden

3-SEKUNDEN-ANRISS
Der Begriff Heterosexismus stammt aus den 1970ern, um die Diskriminierung von Schwulen und Lesben eindeutig mit Sexismus, Rassismus und anderen Formen der Unterdrückung vergleichen zu können.

3-MINUTEN-INFO
Nicht immer war die Heterosexualität für Beziehungen die Norm. Im alten Griechenland waren Beziehungen zwischen Männern sozial akzeptiert. In Teilen des historischen Afrikas war es nicht ungewöhnlich für Frauen, mit einem „weiblichen Ehemann" zusammenzu-leben, wie der nigerianische Wissenschaftler dies nennt. Ob diese Hochzeiten tatsächlich aus romanti-schen Gründen zustande kamen, wird angezweifelt.

Wo wir auch sind, wie sehen

Darstellungen heterosexueller Beziehungen als Norm – in Filmen, in der Werbung, in Büchern, Songs, in gesellschaftlichen Situationen und unseren Familien. Auch sexuelles Verlangen wird häufig zwischen verschiedengeschlechtlichen Menschen gezeigt. Die Kernfamilie, heterosexu-elle Ehe, Monogamie und Elternschaft sind sozial, kulturell und rechtlich als die natürliche Art zu leben abgesegnet. Diese institutionali-sierte Kultur, die Heterobeziehungen und traditionelle Geschlechterrollen legitimiert und privilegiert, wird Heteronormativität genannt. Eine Folge der Heteronormativität ist der Heterosexismus. Heterosexisten empfinden Heterosexualität als Norm und betrachten andere Sexualitäten als minderwertig und abnorm. Feministen lag stets viel daran, dem Heterosexismus entgegenzuwirken, der LGBTQ-Menschen als gegen die Natur ansieht. Ein politisches Festhalten an den Geschlechter-rollen unterstützt Sexismus und Patriarchat, wird argumentiert. Daher sprechen Feministen bisweilen vom „Heteropatriarchat". Obwohl auch im Feminismus Homophobie und Hetero-sexismus existieren, gilt heute allgemein die Ansicht, dass es nicht möglich ist, Sexismus auszumerzen, ohne gleichfalls mit dem Hetero-sexismus aufzuräumen.

VERWANDTE THEMEN
Siehe auch
ALLTAGSSEXISMUS
Seite 70

PATRIARCHAT
Seite 80

QUEERER FEMINISMUS
Seite 130

3-SEKUNDEN-BIOGRAFIE
CRAIG RODWELL
1940–1993
Schwulenaktivist, hatte den ersten Buchladen für schwule/ lesbische Autoren, Gründer der NYC Pride. Von ihm stammt vermutlich der Begriff Heterosexismus.

IFI AMADIUME
1947–
Nigerianische Dichterin, Anthropologin, schrieb *Männliche Töchter, weibliche Ehemänner*.

30-SEKUNDEN-TEXT
Minna Salami

Traditionelle Geschlech-terrollen und Familien-modelle werden durch unkonventionellere Lebensweisen aufge-weicht.

SISTERSONGS MANI-FEST DER REPRODUK-TIVEN GERECHTIGKEIT

in 30 Sekunden

1994 fand die Internationale

Konferenz über Bevölkerung und Entwicklung in Ägyptens Hauptstadt Kairo statt. Im Anschluss daran trafen sich einige farbige Frauen, um ihre Probleme in Hinsicht auf reproduktive Rechte zu besprechen, die auch andere Randgruppen betrafen. Enttäuscht darüber, dass sich die Gespräche hauptsächlich um Abtreibung drehten, prägten sie den Begriff „reproduktive Gerechtigkeit" als Erweiterung der Problematik. Aus dieser Arbeit entstand die Gruppe Sister-Song Collective, ihre Definition des Begriffs ist „reproduktive Gesundheit eingebettet in soziale Gerechtigkeit". Abbrüche bedeuten das Recht für Frauen, keine Kinder zu bekommen. Historisch gesehen wurden armen Frauen und solchen aus Randgruppen das Recht auf Kinder verwehrt. In einigen Ländern wurden diese Frauen zwangssterilisiert. In Kanada, den USA und Australien wurden eingeborenen Familien sogar Kinder weggenommen, um sie in weißen Familien der weißen Kultur anzupassen. Reproduktive Gerechtigkeit ist aufgrund der ganzheitlichen und radikalen Betrachtung der Fortpflanzung als Menschenrechtsproblem ein wichtiges Konzept. Es berücksichtigt, dass reproduktive Unterdrückung auf Geschlecht, Rasse und Klasse basiert und es auch heute noch Frauen und Familien gibt, die darunter leiden.

3-SEKUNDEN-ANRISS
Reproduktive Gerechtigkeit, ein Schlagwort des SisterSong Reproductive Health Collective in den 1990ern steht dafür, den Beitrag von Frauenhass, Rassismus und Klassismus bei der reproduktiven Unterdrückung anzuerkennen.

3-MINUTEN-INFO
Den größten Einfluss auf dem Gebiet der reproduktiven Gerechtigkeit hatten zwei Gruppen: SisterSong und Asian Communities for Social Justice (heute: Forward Together). Beide Gruppen sind auch heute noch in den USA aktiv, bieten Workshops, Medienbesprechungen und Fortbildungen über das Thema an.

VERWANDTE THEMEN
Siehe auch
ENTSCHEIDUNG &
ABTREIBUNG
Seite 100

DER KAMPF FÜR RECHTE FÜR
SCHWANGERE UND GEBÄRENDE
Seite 102

BEHINDERUNG & ABTREIBUNG
Seite 108

3-SEKUNDEN-BIOGRAFIE
LORETTA ROSS
1953–
Aktivistin für reproduktive Gerechtigkeit und Gründerin des SisterSong-Kollektivs, das sich dafür stark macht.

SYLVIA ESTRADA CLAUDIO
1957–
Fortpflanzungs- und Genderforscherin, Mitgründerin von Likhaan, die Basisarbeit mit Frauen zu reproduktiver und sexueller Gesundheit und Rechten auf den Philippinen leistet.

30-SEKUNDEN-TEXT
Gillian Love

SisterSong verwandelte das Konzept der reproduktiven Gerechtigkeit zu einer Menschenrechtsbewegung.

SCHWESTERNSCHAFT

Bewusstseinsbildung Teilen von Frauenge-schichten und –erfahrungen mit sexueller Belästigung, Vergewaltigung, Abtreibung, häuslicher Gewalt, sexistischen Bemerkun-gen und Stereotypen.

Cisgender Menschen, die sich mit ihrem Geburtsgeschlecht identifizieren.

Dritte-Welt-Feminismus Basiert auf Ideologien und soziokulturellen Faktoren der Dritten Welt und nicht durch Übernahme der westlichen Bewegung.

durch Gender geprägt Art, wie Betroffene eine Erfahrung geschlechtsspezifisch erleben, wie sich Erfahrungen auf unter-schiedliche Gender auswirken.

farbige Frauen Politischer Begriff, der alle farbigen Frauen umfasst, stammt aus der Bewegung „Gewalt gegen Frauen". Steht seit den 1970ern für alle Frauen von Minderheiten, die aufgrund des gemeinsamen Merkmals Rasse und Ethnie ausgegrenzt werden.

Feminismus der zweiten Welle Bezeich-nung für die Frauenbefreiungsbewegung, die der „ersten Welle" folgte (Wahlrecht).

Frauenbefreiungsbewegung (FBB) Explo-sionsartiger Anstieg des feministischen Aktivismus zwischen den 1960-1980er Jahren. Der Name soll mit anderen Bewegungen verbinden, zum Beispiel der schwarzen Befreiungsbewegung.

frauenidentifizierte Frau Ein Begriff des lesbischen Aktivismus während der Frauenbe-freiungsbewegung, bezeichnet eine Frau, die ihr Leben lieber um Frauen herum gestaltet und nicht um Männer.

Heteronormativität Politische, soziale und kulturelle Legitimierung und Privilegierung heterosexueller Beziehungen, traditionelle Geschlechterrollen sind „normal".

Heteropatriarchat Kombination aus Hetero-normativität und Patriarchat.

Heterosexismus Diskriminierung von LGBT-Menschen, Ansicht, dass heterogene Beziehungen und Sex die Norm sind.

Homophobie Ablehnung oder Vorurteile gegen Lesben, Schwule und Bisexuelle.

imperialer Feminismus Gewährt westlichen Feministen institutionalisierte Privilegien, die auf Ungerechtigkeit und Ausbeutung basieren, bestimmt die Machtverhältnisse im Feminismus auf asymmetrische Weise.

Kapitalismus Gewinnorientiertes Wirtschaftssystem, beruht auf Privateigentum von Industrie und Handel.

LGBTQI Lesben, Schwule, Bisexuelle, Transgender, Queere, Intersexuelle.

die lila Bedrohung Radikal-lesbische Feministengruppe aus dem Jahr 1970, die empört darüber war, dass in einer Bewegung gegen die Diskriminierung der Frau und für eine Schwesternschaft Lesben diskriminiert wurden, lösten lesbischen Aktivismus aus.

patriarchalische Gesellschaft System der Herrschaft der Männer über die Frauen in allen Aspekten einer Gesellschaft.

politisieren Etwas als politisch erklären oder jemandem etwas politisch bewusst machen.

queer Überbegriff zur Beschreibung sexueller und Gender-Minderheiten, die weder heterosexuell noch Cisgender sind.

queere Theorie Führt als Argument gegen die Heteronormativität an, dass Gender-Identität und -Rollen veränderliche, formbare, soziale Konstrukte sind.

Radikallesben Mitglieder der lila Bedrohung (1970), hatten unter anderem mit der Theorie der durch Frauen identifizierten Frauen großen Einfluss auf die Politisierung des Feminismus.

rassifizieren Etwas im Ton und Charakter rassistisch machen, nach Rasse einordnen oder trennen.

schwarzer Feminismus Vermittelt schwarzen Frauen neues und kritisches Denken darüber, wie Rassismus und Sexismus soziale Probleme und Ungerechtigkeiten hervorrufen.

Schwesternschaft Steht für das Bestreben, gemeinsam und solidarisch als Gleichgesinnte gegen die männliche Unterdrückung zu kämpfen.

Sexismus Vorurteile oder Diskriminierung aufgrund von Gender, speziell betroffen sind Mädchen und Frauen.

Transfeminismus Bewegung von und für Transfrauen, die ihre Befreiung unlösbar mit der Befreiung aller Frauen verbunden sehen.

transnationaler Feminismus Untersucht aktuell, wie sich Globalisierung und Kapitalismus länderübergreifend auf Menschen hinsichtlich Rasse, Gender, Klasse und Sexualität auswirkt.

WER GEHÖRT ZUR SCHWESTERNSCHAFT?

in 30 Sekunden

3-SEKUNDEN-ANRISS
„Schwesternschaft" steht
für ebenbürtige Zusam-
menarbeit und für geteilte
Erfahrung mit Unterdrü-
ckung durch Männer.

3-MINUTEN-INFO
Robin Morgan schrieb noch
zwei weitere Bücher der
Serie: *Sisterhood is Global*
(1984) und *Sisterhood is
Forever* (2003), beides
umfangreiche Arbeiten
über die Frauenbewegung.
Die Idee der feministischen
Schwesternschaft ebnete
den Weg für eine
unentbehrliche Sammlung
von weltweit entstandenen
Anthologien über
Frauensolidarität, wie
Obioma Nnaemekas
*Sisterhood, Feminismus
und Power* (1998) und
*Women Writing Resistan-
ce: Essays on Latin
America and the Caribbean*
(2017) aus Nigeria.

Die Frauenbefreiungsbewegung
hatte bis zu den späten 1960ern die Beziehungen zwischen Frauen und Männern radikal
verändert. Das war auch ihr Ziel gewesen. Nicht
vorausgesehen wurde, dass auch das Verhältnis
der Frauen untereinander davon betroffen sein
würde. Die Radikalfeministin Kathie Sarachild
ersann 1968 den Slogan „Die Schwesternschaft
ist stark", der zu einem der drei Schlachtrufe des
Dritte-Welle-Feminismus wurde, zusammen mit
„das Persönliche ist politisch" und „Bewusstseinsbildung". Die Autorin und Aktivistin Robin
Morgan machte den Ausdruck „Sisterhood is
Powerful" in ihrer Anthologie desselben Titels
1970 bekannt. Diese Anthologie stellt für
Tausende von Frauen den Einstieg in den
Feminismus dar und zählt laut der New York
Public Library zu einem der einhundert einfluss-
reichsten Bücher des 20. Jahrhunderts. Die
zentrale Botschaft des Buchs ist die Solidarität
unter Frauen. Bedenkt man, dass nur fünf der 57
Beiträge von schwarzen Frauen stammen, war
das Verhältnis da schon nicht ausgeglichen. Je
weiter dieses Wissen gestreut wurde, umso
mehr Frauen unterschiedlicher Rasse, Sexualität,
Klasse und Altersgruppen stellten die Machtverhältnisse der feministischen Schwesternschaft
in Frage. Häufig führten diese Spannungen
jedoch zu offenen Dialogen.

VERWANDTE THEMEN
Siehe auch
FRAUENBEFREIUNGS-
BEWEGUNG
Seite 18

WOMANISMUS
Seite 20

DER WEIBLICHKEITSWAHN
Seite 60

3-SEKUNDEN-BIOGRAFIE
ROBIN MORGAN
1941–
Autorin und Aktivistin, deren
Artikel und Anthologien über
die Schwesternschaft zum
fundamentalen feministischen
Werk gehören.

30-SEKUNDEN-TEXT
Minna Salami

*Die Idee von Frauen-
solidarität oder Schwes-
ternschaft steckt voller
repräsentativer Probleme.*

DIE LILA BEDROHUNG

in 30 Sekunden

Im Frühjahr 1970 versammelten sich Hunderte von Feministen zum Second Congress to Unite Women in New York, um sich kennenzulernen und Vorträge zu besuchen. Während der Veranstaltung gingen plötzlich die Lichter des Auditoriums aus. Als es wieder hell wurde, standen 20 Frauen vor dem Publikum, auf ihren T-Shirts stand „Lavender Menace" (die lila Bedrohung). Es handelte sich um Mitglieder der neu gegründeten, radikal-lesbischen, feministischen Gruppe, deren Name eine Reaktion auf eine homophobe Bemerkung der Ikone Betty Friedan war, die in einem Buch darüber klagte, dass Lesben eine „lila Bedrohung" seien, die dem Feminismus möglicherweise schaden können. Die Aktivistinnen der lila Bedrohung sprachen zu den Frauen über die Scheinheiligkeit einer Bewegung, die Schwesternschaft predigt, aber Frauen gleichzeitig diskriminiert. Als sie das Publikum aufforderten, dass sich zu ihnen gesellen sollte, wer sich ihnen anschließen wollte, kamen nur 12 Frauen. Der Einfluss, den Lesben auf den Feminismus nehmen sollten, wurde bereits am folgenden Tag durch die überfüllten Workshops der lila Bedrohung deutlich. Im weiteren Verlauf brachten Lesben einige der kritischsten Theorien über die Frauenbefreiung hervor, ohne die die Schwesternschaft ärmer wäre.

3-SEKUNDEN-ANRISS
Die feministische Bewegung verdankt ihren Erfolg zum großen Teil den radikalen Perspektiven von Lesben, gleichzeitig ist Homophobie ein internes Problem.

3-MINUTEN-INFO
Mitglieder der lila Bedrohung gründeten später die Radikallesben, deren Theorien stark auf die Politisierung des Feminismus einwirkten. Eins der wichtigen Themen waren die durch Frauen identifizierte Frau, die ihr Leben lieber mit Frauen verbringt, anstatt mit Männern.

VERWANDTE THEMEN
Siehe auch
STRÖMUNGEN DES THEORETISCHEN FEMINISMUS
Seite 28

DER WEIBLICHKEITSWAHN
Seite 60

HETEROSEXISMUS
Seite 110

3-SEKUNDEN-BIOGRAFIE
BETTY FRIEDAN
1921–2006
Autorin von *Der Weiblichkeitswahn*, löste damit die zweite Welle des Feminismus aus und gründete die National Organization of Women.

RITA MAE BROWN
1944–
Gehörte zur lila Bedrohung, Bestsellerautorin von mehr als 40 Büchern.

30-SEKUNDEN-TEXT
Minna Salami

Lesbische Aktivisten brachten mit Einsatz der lila Bedrohung die feministische Bewegung stark voran.

THIS BRIDGE CALLED MY BACK

in 30 Sekunden

Von Anfang an war die

Schwesternschaft für schwarze Frauen mit Problemen belastet. Weiße Feministen prangerten zwar die Rassendiskriminierung in der Gesellschaft an, taten aber wenig, um innerhalb der Bewegung die Kluft zu überbrücken. Die Bemühung darum blieb den farbigen Frauen überlassen. In der 1981 erschienenen Anthologie *This Bridge Called My Back*, herausgegeben von Cherríe L. Moraga und Gloria E. Anzaldúa, gaben afroamerikanische, Latino- und Ureinwohnerfrauen wieder, wie sie Vorurteile innerhalb der feministischen Bewegung erfuhren. Damit widersprachen sie dem naiven Beiklang im Wort „Schwesternschaft" und besonders der Vorstellung, dass Frauen eine homogene Gruppe bilden, die auf dieselbe Art mit dem Patriarchat umgehen. Diese Brücke stand nicht nur gegen den Rassismus des weißen Feminismus auf, sondern war eine Bekundung der Solidarität unter den farbigen Frauen. Es ging um Themen wie Zerrissenheit unter den farbigen Frauen und stellte Texte von Frauen aus der Dritten Welt als Mittel des Selbsterhalts und der Revolution dar. Die Anthologie beschritt neue Wege und kombinierte Prosa, Gedichte, Kritik, Erzählungen, Fiktion, Spiritualität und Kunst auf eine Art, die zur Definition feministischer Schriften werden sollte.

3-SEKUNDEN-ANRISS
This Bridge Called My Back ist ein fundamentaler Text des modernen Feminismus, in dem farbige Frauen auf vorher nie dagewesene Art ihre Ansichten kundtaten.

3-MINUTEN-INFO
This Bridge war Teil des US-amerikanischen Dritte-Welt-Feminismus, inspiriert durch die Third World Women's Alliance, deren Anliegen es war, sich ideologisch und politisch mit den farbigen Menschen in Afrika, Lateinamerika und Asien durch antisexistische, antirassistische und antiimperialistische Programme zu verbinden.

VERWANDTE THEMEN
Siehe auch
WOMANISMUS
Seite 20

FRAUEN IN UNABHÄNGIG-KEITSBEWEGUNGEN
Seite 52

INTERSEKTIONALITÄT
Seite 72

3-SEKUNDEN-BIOGRAFIE
GLORIA E. ANZALDÚA
1942–2004
Dichterin, metaphysische Philosophin und Forscherin über die Chicana kulturelle Theorie, feministische Theorie und queere Theorie.

CHERRÍE L. MORAGA
1952–
Dichterin, Kulturaktivistin, Dramatikerin und Autorin vieler maßgebender Bücher.

30-SEKUNDEN-TEXT
Minna Salami

Die Anthologie This Bridge *verursachte einen Kurswechsel der Bewegung.*

18. Februar 1934
In Harlem, New York, geboren, Mutter aus Grenada, Vater aus Barbados

1954
Studiert an der Nationalen Autonomen Universität in Mexiko, für sie eine Zeit der Erneuerung und Bestätigung

1961–1968
Arbeitet als Bibliothekarin an verschiedenen Schulen New Yorks

1968
Ihr erster Gedichtband, *The First Cities*, erscheint

1978
Es wird Brustkrebs bei ihr festgestellt, sie unterzieht sich einer Brustamputation

1980
Gründet Kitchen Table: Women of Color Press with Barbara Smith, die unter anderem *This Bridge Called My Back* herausgab

1982
Bringt ihre „Biomythografie" *Zami. Eine neue Schreibweise meines Namens* heraus

1984
Veröffentlicht die vielgelesene Essay-Sammlung *Sister Outsider* und zieht nach Berlin, tritt dort für die afrodeutsche Befreiung ein

17. November 1992
Sie stirbt in ihrem Haus in Saint Croix, Virgin Islands, an Leberkrebs

AUDRE LORDE

Audre Lorde bezeichnete sich
selbst als eine schwarze, lesbische Feministin.
Das tat sie mit Bedacht, denn wie sie einmal
sagte: „Ich bin nicht aus einem Guss. Ich kann
nicht einfach nur eine schwarze Person sein,
aber auch nicht nur eine Frau. Und schon gar
nicht bin ich Frau, ohne lesbisch zu sein."

Vielleicht stammt ihr Bedürfnis, ihre Identität
zu erklären, aus ihrer Jugend im Harlem der
1940er Jahre. Dort hatte Audre unter ihrer
Rasse zu leiden, durfte in ihrem ansonsten
liebevollen Zuhause aber nicht darüber
sprechen, wie sie in ihren Memoiren schrieb.

Ihre Lebenserfahrungen trieben sie dazu,
Dichterin, Aktivistin und Denkerin zu werden,
deren Werk ein Muss für alle ist, die
Unterdrückung und Befreiung verstehen
wollen. Sie beschreibt auf außergewöhnliche
Weise die Prozesse zwischen beiden, speziell in
Bezug auf Rasse, Gender, Sexualität und Klasse,
und hat die feministische Bewegung enorm
bereichert.

Die Nachhaltigkeit ihres Werks liegt nicht nur
in ihrer polemischen, leidenschaftlichen und
prophetischen Art: Ihr Einfluss dauert an, weil
sie Dichtkunst mit Theorie verknüpft, Intellekt
mit Emotion, das Individuum mit der
Gemeinschaft. Sie räumte mit alten, starren
Denkweisen auf und schuf eine neue, fließende
Sprache.

Die feministische Schwesternschaft war
Lorde wichtig, aber sie wusste, dass Solidarität
erkämpft werden muss. In einem ihrer
bekanntesten Essays „Euer Schweigen schützt
Euch nicht", das sie im Anschluss an ihre
Chemotherapie schrieb, spricht sie weiße
Feministen an: „Die Tatsache, dass wir hier sind
und dass ich diese Worte spreche, ist der
Versuch, das Schweigen zu brechen und eine
Brücke über einige der Unterschiede zu bauen,
die zwischen uns bestehen. Denn es sind nicht
die Unterschiede zwischen uns, die uns lähmen,
es ist das Schweigen. Und es gibt eine Menge
Schweigen, das gebrochen werden muss."

In den 1980ern zog Lorde nach Berlin und
führte bald die afrodeutsche Frauenbewegung
an. 1987 verlegte sie ihr Zuhause nach Saint
Croix auf den Virgin Islands, wo sie in der
Frauenbefreiung aktiv wurde. Wo immer Lorde
war, half sie Menschen dabei, ins Gespräch über
Rassismus, Sexismus, Homophobie und
Klassenteilung zu kommen. Dabei politisierte
sie nicht nur, sie weckte Hoffnung.

Lorde schrieb neun Gedichtsammlungen, fünf
Bücher und ihre fiktiven Memoiren *Zami. Eine
neue Schreibweise meines Namens*. Sie starb
58jährig in ihrem Haus an Krebs.

Minna Salami

SCHWARZER FEMINISMUS

in 30 Sekunden

Das Aufkommen des schwarzen Feminismus war zwingend notwendig, damit schwarze Frauen gegen die sexuelle Unterdrückung in der schwarzen Befreiungsbewegung und die rassistische Unterdrückung im Feminismus ankämpfen konnten. Formal entstand er 1973 mit der Gründung der National Black Feminist Organization in New York. Tatsächlich geht der schwarze Feminismus weiter in der Geschichte zurück und über die Grenzen der USA hinaus. Schwarze Feministen stellten Fragen wie: Welche Bedeutung haben Rasse und/oder Klasse einer Frau im Patriarchat? Von welchen Problemen werden Frauen unterschiedlicher Herkunft direkt betroffen? Sie tasteten sich an Überschneidungen von Rasse-, Klasse- und Genderfragen heran. So entstand die Theorie darüber, wie Rasse geschlechtlich ist und Gender rassistisch: „Schwarz" wird zumeist mit schwarzen Männern gleichgestellt und „Frau" mit weißen Frauen. Von zentraler Bedeutung für den schwarzen Feminismus ist das „Combahee River Collective's Feminist Statement" aus dem Jahr 1974. Darin heißt es, dass Rassismus, Sexismus, Kapitalismus und Heterosexismus zu ein und derselben Struktur der Unterdrückung gehören und somit gleichzeitig bekämpft werden müssen, damit alle abgeschafft werden können.

3-SEKUNDEN-ANRISS
Analysen des Feminismus wären ungenau, ohne den Einfluss des schwarzen Feminismus zu beachten, der die Weisen, wie Rasse, Klasse und Gender, die miteinander verzahnt sind, in den Vordergrund gerückt hat.

3-MINUTEN-INFO
Die feministische und die antirassistische Bewegung sind immer gemeinsam gewachsen. Die erste Welle des Feminismus im 18. Jahrhundert entstand aus der Anti-Sklaven-Bewegung, die zweite Welle wurzelt in der Befreiung der Dritten Welt und der Schwarzen, daher auch die Bezeichnung für die Bewegung: Befreiung.

VERWANDTE THEMEN
Siehe auch
WOMANISMUS
Seite 20

INTERSEKTIONALITÄT
Seite 72

HETEROSEXISMUS
Seite 110

3-SEKUNDEN-BIOGRAFIE
BEVERLY GUY-SHEFTALL
1946–
Frauenforscher, hat wiederholt auf die negative Reaktion der afroamerikanischen Gemeinschaft auf den Feminismus hingewiesen.

BARBARA SMITH
1946–
Aktivistin, Autorin des Manifests des „Combahee River Collective", Gründerin von Kitchen Table, erste US-Verlegerin schwarzer Autorinnen, nominiert für den Friedensnobelpreis 2005.

30-SEKUNDEN-TEXT
Minna Salami

Der schwarze Feminismus möchte die Bedeutung dessen zeigen, was es heißt, eine schwarze Frau zu sein.

IMPERIALER FEMINISMUS

in 30 Sekunden

Betrachtet man den Widerstand

der Frauen weltweit, kann leicht der Eindruck entstehen, dass es vor allem westliche, weiße Frauen waren, die gegen das Patriarchat kämpften. Bei der Frage nach den bekanntesten feministischen Aktivisten denkt man an Elizabeth Cady Stanton, Emmeline Pankhurst und Simone de Beauvoir. Der Grund dafür liegt nicht nur darin, dass sie große Bedeutung für die Bewegung hatten, es liegt ebenso an patriarchalischen und imperialistischen Machtstrukturen, die überall auf der Welt verheerende Auswirkungen auf die Frauen des Globalen Südens hatten. Im Imperialismus wird ein Gebiet durch ein anderes durch wirtschaftliche, militärische und ideologische Mittel beherrscht. Frauen leiden besonders unter fremden Machthabern. Imperialer Feminismus ist der Begriff für diejenigen, die Frauenrechte unterstützen und dennoch den Imperialismus befürworten, trotz der negativen Auswirkungen auf nicht-westliche Frauen und damit letztlich auch auf westliche Frauen, da Imperialismus das Patriarchat stärkt. Frühe britische Feministen wie Emmeline Pankhurt befürworteten das Empire und sahen in ihm einen Weg, Ignoranz auszumerzen. Altlasten wie diese bestehen auch heute noch, „feministische" Rhetorik wird eingesetzt, um Krieg oder die Kontrolle über weibliche Körper zwecks Bevölkerungskontrolle zu rechtfertigen.

3-SEKUNDEN-ANRISS
Aufgrund der globalen Machtordnung dominieren weiße, westliche Feministinnen die Bewegung, mit negativen Konsequenzen.

3-MINUTEN-INFO
Feministen in Entwicklungsländern müssen nicht nur mit den Auswirkungen fremder und einheimischer Patriarchate umgehen, sondern sehen sich im imperialen Feminismus weiterer Unterdrückung ausgesetzt: durch Armut, Verstümmelung weiblicher Genitalien, Prostitution, Krankheiten und Krieg, die im Leben der Frauen außerhalb des Westens eine Rolle spielen.

VERWANDTE THEMEN
Siehe auch
POSTKOLONIALER FEMINISMUS
Seite 30

GLOBALER FEMINISMUS
Seite 38

FEMINISMUS & INTERNATIONALES RECHT
Seite 54

3-SEKUNDEN-BIOGRAFIE
CHANDRA TALPADE MOHANTY
1955–
Professorin, eine der ersten Kritikerinnen aus einem Entwicklungsland am imperialen Feminismus. In *Under Western Eyes* argumentiert sie, dass weißer, westlicher, Feminismus das Leben der Frauen der ärmeren Ländern „akzeptiert und kolonisiert".

30-SEKUNDEN-TEXT
Minna Salami

Imperialer Feminismus propagiert den Mythos, dass „andere" Frauen von weißen, westlichen Frauen gerettet werden müssen.

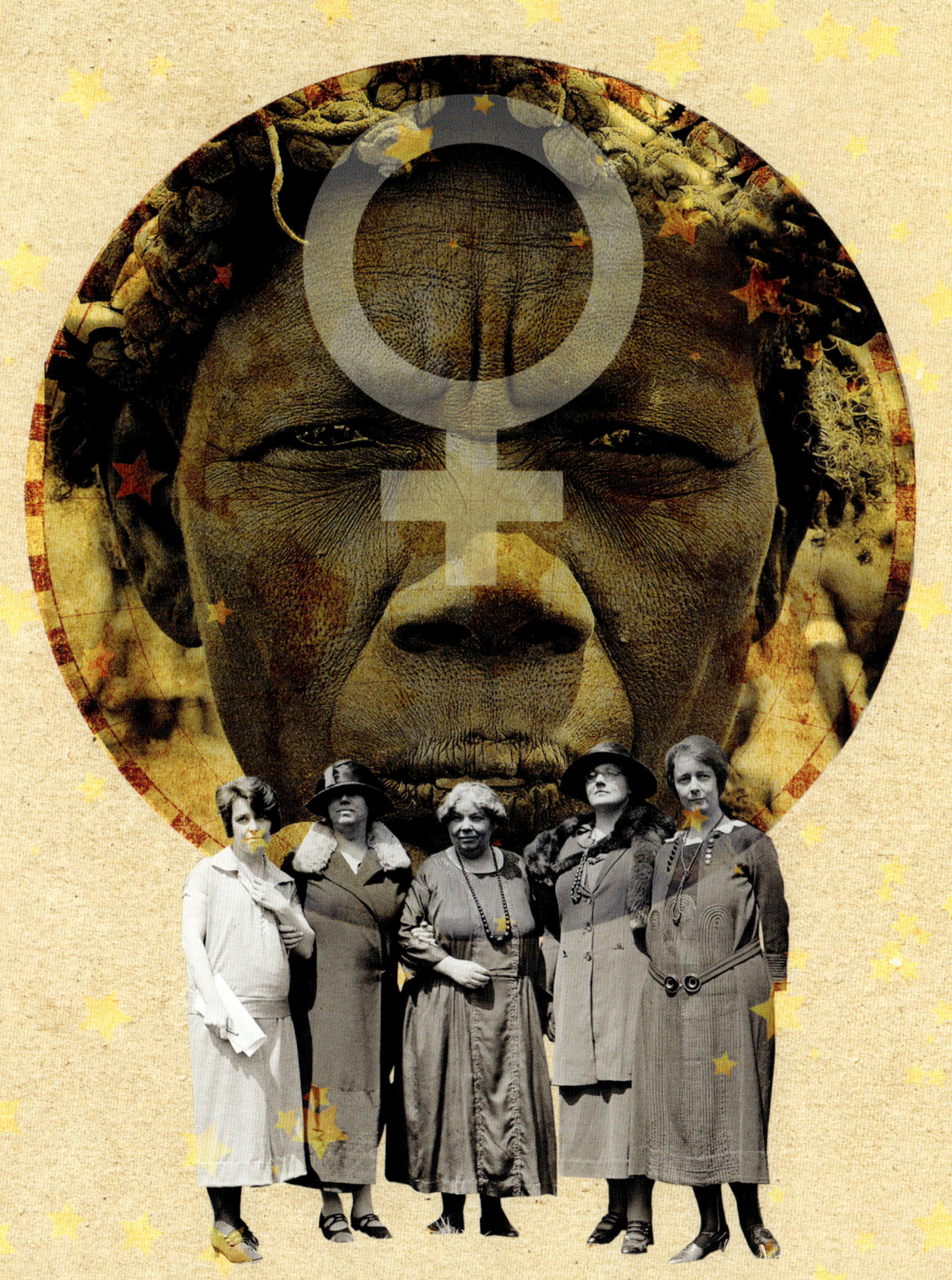

QUEERER FEMINISMUS

in 30 Sekunden

1990 erschien das sehr wichtige

und berüchtigt abstrakte Buch *Das Unbehagen der Geschlechter* von Judith Butler. Mit der These, dass Genderidentität und -rollen wandelbare soziale Gebilde sind, wird die „Heteronormativität" – die politische, soziale und kulturelle Legitimation und Privilegierung heterosexueller Beziehungen und traditioneller Genderrollen als „natürlich" in Grund und Boden kritisiert. Butler brachte die heteronormative Überzeugung gehörig damit durcheinander, dass alle anderen Arten von Beziehungen und Genderidentitäten „unnormal" oder „queer" sind. Die Wurzeln der queeren Theorie sind unter anderem in Butlers Buch zu finden. In den Anfangszeiten gab es tatsächlich Spannungen zwischen queerer und feministischer Theorie. Queere Theorie möchte die Heteronormativität abschaffen, feministische Theorie das Patriarchat. Sie sind durch das Konzept des „Heteropatriarchats" verbunden, nur der queere Ansatz, dass der Unterschied zwischen Männlichkeit und Weiblichkeit sozial verursacht und nicht biologisch ist, widerspricht der feministischen Theorie.

3-SEKUNDEN-ANRISS
Nach anfänglichen Spannungen zwischen queerer und feministischer Theorie stärken und inspirieren sich die Bewegungen gegenseitig.

3-MINUTEN-INFO
Seit Erscheinen von *Das Unbehagen der Geschlechter* vor fast drei Jahrzehnten haben viele Menschen ihr heteronormatives Geschlecht abgelehnt und nennen sich stattdessen „queer". Dies kann als Sammelbegriff für LGBTQI-Menschen verwendet werden, aber auch als politisches Statement, um einen antiheteronormativen und alternativen Lifestyle zu demonstrieren, der fließende Übergänge bei der sexuellen Orientierung und Genderidentität hat.

VERWANDTE THEMEN
Siehe auch
DIE DRITTE WELLE
Seite 24

HETEROSEXISMUS
Seite 110

WHIPPING GIRL
Seite 132

3-SEKUNDEN-BIOGRAFIE
JUDITH BUTLER
1956–
Autorin, deren Werk sich nachdrücklich auf feministisches Denken und queere Theorie auswirkt, aber auch auf das Verstandesdenken des 21. Jahrhunderts.

30-SEKUNDEN-TEXT
Minna Salami

Ein feministisches Argument ist, dass die Heterosexualität so ausgelegt wird, dass sie zur Unterdrückung der Frauen beiträgt.

WHIPPING GIRL (2007)

in 30 Sekunden

Transmenschen allgemein – und transfeminine im Besonderen – werden häufig als Objekt von Hohn und Spott oder mit Verachtung behandelt. Oft werden sie im Feminismus gar nicht erst beachtet. Im Feminismus der zweiten Welle wurden sie lange als unwünscht angesehen, sie galten nicht als echte Frauen (und als Menschen, die das Frausein erfahren). In *Whipping Girl* (2007) beschrieb Julia Serano ihren Werdegang als Transfrau, um die Überlappungen von Transmisogynie (Frauenhass gegenüber transfemininen Menschen) und normativem Sexismus zu verdeutlichen. Serano setzte sich dafür ein, dass die Befreiung der Transmenschen zum Teil der feministischen Bewegung wird und die Anliegen der Transmenschen in den traditionellen Feminismus aufgenommen werden. Zwar war *Whipping Girl* nicht das erste transfeministische Werk, aber sein verständlicher Ton und zentrale Prämisse, dass das Thema auch Cis-Feministen betrifft, brachte ihm große Beachtung. Durch die Freimütigkeit, mit der Serano etliche Mythen über Transfrauen besprach und widerlegte – als Biologin speziell über die medizinische Umwandlung – wurde *Whipping Girl* zum Standardwerk für Menschen, die sich gerade als trans kennenlernen und für „Neulinge" auf dem Gebiet.

3-SEKUNDEN-ANRISS
Durch *Whipping Girl* wurde der Transfeminismus eindrücklich einem Cisgender-Publikum zugänglich gemacht. Es zeigt, wie sich Trans-Befreiung in traditionelle feministische Anliegen einfügt.

3-MINUTEN-INFO
Transfeminismus – zu dem *Whipping Girl* gehört – hatten seinen Anfang mit Sandy Stones *The Empire Strikes Back: A Posttranssexual Manifesto* (1987), obwohl der Begriff von Diana Courvant 1992 definiert wurde. Das Thema weicht sehr vom Feminismus der zweiten Welle ab, der seinen Ursprung in der Position hatte, dass Geschlecht und genderspezifische Erfahrungen fundamental wichtig sind. In dieser Hinsicht gibt es die Nähe zur Intersektionalität und zum transnationalen Feminismus.

VERWANDTE THEMEN
Siehe auch
DIE DRITTE WELLE
Seite 22

INTERSEKTIONALITÄT
Seite 72

3-SEKUNDEN-BIOGRAFIE
SANDY STONE
1936–
Das Buch *The Empire Strikes Back: A Posttranssexual Manifesto* der Künstlerin und Medientheoretikerin Sandy Stone gilt als Grundtext der Trans-Forschung.

JULIA SERANO
1967–
Gender-Theoretikerin, Trans-Aktivistin und Biologin, schrieb *Whipping Girl*, *Outspoken* und *Excluded*.

30-SEKUNDEN-TEXT
Os Keyes

Serano führt an, dass der westliche Sexismus sowohl traditionell als auch oppositionell ist.

EINE PROTESTBEWEGUNG

EINE PROTESTBEWEGUNG
GLOSSAR

Aktivismus Entschlossener, direkter Einsatz für gesellschaftlichen oder politischen Wandel.

Arbeitsteilung Aufteilen von Aufgaben zur Bildung von Spezialisierungen, speziell in einem Wirtschaftssystem oder einer Produktionsstätte, um die Produktivität und Effizienz zu maximieren.

Ausgrenzung Eine Gruppe oder eine Person an den Rand der Gesellschaft drängen oder sie als unwichtig behandeln, um so ihren Einfluss oder möglichen Beitrag zur Gesellschaft zu untergraben.

Autoritarismus Ein verordnetes und überwachtes System, in dem ein oder wenige Führer die Macht innehat auf Kosten der individuellen Freiheit.

Bürgerrechte Gesetze und Gesetzgebung zum Schutz von Personen gegen ungerechte Behandlung aufgrund von bestimmten Eigenschaften (Rasse, Gender, Behinderung und mehr).

demokratische Strukturen Die Führung einer Organisation wird auf möglichst viele Menschen verteilt, Aufgaben werden delegiert, Informationen sind für alle zugänglich.

Diskriminierung von Behinderten Diskriminierung und Vorurteile gegen Behinderte, speziell durch verletzendes Stereotypisieren und Verallgemeinerungen.

DIY Punk-Kultur Richtet sich gegen den Konsum, ist für Selbstversorgung, stärkt Einzelne und Gemeinschaft, gehört zur Punk-Ideologie.

Ehrenmord Ermordung einer Person (meist Frauen), denen vorgeworfen wird, Schande über die Familie/Gemeinschaft gebracht zu haben, wird meist von einem Familienmitglied zur Wiederherstellung des guten Rufs begangen, geht häufig einher mit frauenfeindlichen Ansichten.

Guerilla Ausdruck in feministischer Kunst und Aktivismus: geplante Handlungen ohne offizielle Erlaubnis oder Sanktionen, häufig anonym. Auch: spontane, nicht genehmigte Handlungen.

Heterosexismus Diskriminierung von LGBT-Menschen und Ansicht, dass verschiedengeschlechtliche Beziehungen und Sexualität die Norm sind.

Hypermaskulinität Übertreibung männlichen stereotypischen Verhaltens in Bezug auf Kraft, Aggression und Sexualität, kann in patriarchalischen Strukturen gefördert werden.

kultureller Aktivismus Hat Einfluss auf Kunst, Bücher, Filme, Musik und Theater, kann mit alternativen Einstellungen individuelle und gesellschaftliche Ansichten verändern.

LGBTQI Lesben, Schwule, Bisexuelle, Transgender, queere und Intersex-Menschen.

Menschenrechte Grundrechte und Freiheitsansprüche, die jedem Menschen in der Welt zustehen, einschließlich seiner Würde, gleicher Behandlung, Gerechtigkeit, Respekt und Unabhängigkeit.

Patriarchat System der Herrschaft von Männern über Frauen. Männern gehört die politische Macht, das moralische Sagen, soziale Privilegien und das Eigentum.

Rassismus Überzeugung, dass eine Rasse oder Ethnie anderen überlegen ist. Nach Patricia Bidol entsteht Rassismus durch die Kombination aus Vorurteilen und institutioneller Macht.

Sexismus Vorurteile oder Diskriminierung aufgrund von Gender, speziell gegen Frauen und Mädchen.

Sexstreik Verweigerung (meist durch Frauen) des Geschlechtsverkehrs, bis ein bestimmtes Ziel erreicht ist.

Sitzblockade Besetzung öffentlichen Raums oder eines Unternehmens durch friedlichen Protest, taktisches Mittel bei Bürgerbewegungen.

Totalitarismus Der Staat bestimmt privates und öffentliches Leben durch diktatorische Macht, Führer verlangen totale Unterwerfung, extremste Form des Autoritarismus.

Wahlrecht Das Recht, bei politischen Wahlen die Stimme abzugeben.

TAKTIKEN DER BEWEGUNG

in 30 Sekunden

Feministische Gruppen und

Aktivisten wenden verschiedene Taktiken an, um ihre Ziele zu erreichen. Aktivisten betreiben online und offline Bewusstseinsbildung, um mehr Mitglieder in die Bewegung zu bringen und gemeinsame Analysen zu entwickeln. Sie organisieren und mobilisieren für Aktionen, ob die Besetzung von Räumen, Proteste und Demonstrationen, sie begleiten Frauen zu Abtreibungskliniken oder attackieren Eigentum von Staat und Unterdrückern. Gruppen stellen beispielsweise über Frauenhäuser Hilfe bereit – in diesem Fall für Frauen auf der Flucht vor Gewalt. Feministen suchen daneben auch die Zusammenarbeit mit Kräften wie Politikern, Beamten oder Rechtsberatern. Sie schreiben und sprechen, greifen auf Analysen anderer zurück und entwickeln eigene, um Botschaften zu verbreiten und feministisches Denken zu entwickeln. Durch kulturellen Aktivismus mit feministischen Künstlerinnen, Musikerinnen, Dichterinnen und Literatinnen oder auch Medienaktivitäten werden gesellschaftliche Ansichten und soziales Verhalten verändert. Immer wichtiger wird den Feministen die Nachhaltigkeit ihrer Bewegung, ob durch das Anwerben jüngerer Frauen oder Wege, interne Konflikte zu beseitigen.

3-SEKUNDEN-ANRISS
Feministen wenden verschiedene Taktiken an und suchen gemeinsam daran, die richtigen und effektivsten zu finden – manchmal wird auch darüber gestritten.

3-MINUTEN-INFO
Nicht immer finden Feministen zum Konsens über Taktiken. Im Kampf um das Wahlrecht in England nahmen die Lager gegensätzliche Haltungen ein. Konflikte können eine Bewegung weiterbringen, aber auch spalten. Gegenseitige Vorwürfe – etwa über Seriosität oder zu viel Radikalität werden von denjenigen verschärft, die sich gegen Veränderungen sträuben.

VERWANDTE THEMEN
Siehe auch
BEWUSSTSEINSBILDUNG
Seite 62

FRAUENHÄUSER
Seite 82

FEMINISTISCHE FÜHRUNG
Seite 146

30-SEKUNDEN-TEXT
Chitra Nagarajan

Das feministische Denken entwickelt sich ständig über soziale Medien, Bücher und Aktivismus weiter.

AUFSTAND DER ABA-FRAUEN

in 30 Sekunden

3-SEKUNDEN-ANRISS
In Nigerias Aba-Region protestieren Frauen gegen unfaire Besteuerung und gewinnen in einem der ersten Aufstände gegen die britische Kolonialmacht.

3-MINUTEN-INFO
Kolonialmächte strebten danach, einheimische Gesellschaftsstrukturen denen des viktorianischen Englands anzupassen, um „Eingeborene zu zivilisieren" und „Frauen zu retten". Sie stärkten die Männer zu Lasten der Frauen, nahmen Frauen Machtpositionen und Einfluss. Sie installierten Männer als Versorger und Frauen als Hausfrauen. Das hallt auch heute noch nach, wo diese Geschlechterrollen als „Tradition" und „Kultur" verinnerlicht wurden.

Im Nigeria des späten 19. Jhd.
regierten die britischen Kolonialherren durch ernannte Stellvertreter. Kolonialherren und lokale Männer wurden immer beherrschender und korrupter, verhafteten Kritiker, führten Zwangsarbeit ein und konfiszierten Tiere und Einnahmen der Frauen, die vordem eine wichtige Rolle in Politik und Wirtschaft gespielt hatten, nun aber an den Rand gedrängt wurden. Als weitere Frauensteuern eingeführt werden sollten, unter anderem auf Kochtöpfe, Haushaltsgegenstände und Bekleidung, war das Maß voll und der Frauenaufstand wurde ausgerufen: Unter der Führung von Ikonnia, Nwannedia, Nwanyereuwa and Nwugo schlossen sich ihm Frauen unterschiedlicher Ethnie an. Die Bewegung verteilte sich zwischen November und Dezember 1929 auf 6000 Quadratmeilen. Nächtelang ertönten traditionelle Gesänge, mit denen Männer lächerlich gemacht wurden, dazu wurde getanzt. Es gab Straßenblockaden, Eigentum der Stellvertreter und Kolonialherren wurde zerstört, aber sie taten niemandem körperliches Leid an. Soldaten schossen auf unbewaffnete Demonstrantinnen und ermordeten viele von ihnen, Dörfer wurden als Kollektivstrafe niedergebrannt. Aber die Aba-Frauen zwangen die Behörden, die Steuerpläne fallenzulassen, die Stellvertreter zu entlassen und ein neues Regierungssystem einzusetzen.

VERWANDTE THEMEN
Siehe auch
FRAUEN IN UNABHÄNGIGKEITSBEWEGUNGEN
Seite 52

FEMINISTISCHE ÖKONOMIE
Seite 74

IMPERIALER FEMINISMUS
Seite 128

3-SEKUNDEN-BIOGRAFIE
IKONNIA, NWANNEDIA & NWUGO
zwischen 1910–1930
Frauen aus Okolo, Anführerinnen des Aufstands, für ihre Überzeugungskraft, Intelligenz und Leidenschaft bekannt.

NWANYEREUWA
zwischen 1920–1930
Witwe aus Okolo, ihr Zorn über die unfaire Besteuerung führte zu Debatten und schließlich zum Aufstand.

30-SEKUNDEN-TEXT
Chitra Nagarajan

Die Aba-Frauen inspirierten zu anderen Protesten in den 1930-1950ern.

MEMOIREN AUS DEM FRAUENGEFÄNGNIS (1983)

in 30 Sekunden

VERWANDTE THEMEN
Siehe auch
POSTKOLONIALER
FEMINISMUS
Seite 28

INTERSEKTIONALITÄT
Seite 72

3-SEKUNDEN-ANRISS
Nawal el Saadawi kam für „Verbrechen gegen den Staat" in Haft und schrieb über ihre Zeit mit politischen Häftlingen im Frauengefängnis.

3-MINUTEN-INFO
Frauen, die sich für Menschenrechte einsetzen, riskieren dabei dieselben Maßnahmen wie Männer: Überwachung, unfaire Gerichtsverhandlungen, Folter und Ermordung. Zusätzlich drohen ihnen sexuelle und häusliche Gewalt, Angriffe auf ihren Ruf, Vorwürfe der „moralischen" Verbrechen oder Bedrohung ihrer Familien, weil sie Frauen sind. Täter kommen aus dem Staatsdienst, der nationalen Sicherheit und sogar aus der eigenen Familie oder der männlichen Kollegenschaft.

Während der Unruhen in Ägypten ließ Präsident Sadat 1981 viele Gegner und Kritiker verhaften. Unter ihnen war Nawal el Saadawi, führende Aktivistin, Feministin, Sozialistin, Ärztin und Autorin. In ihren Büchern ging sie Ehrenmorden, sexueller Misshandlung, der Verstümmelung weiblicher Genitalien und Unterwerfung der Frauen nach. Nach Veröffentlichung ihres Buchs über Frauen und Sexualität wurde sie als Ärztin aus dem Staatsdienst entlassen. Ihr Buch *Memoirs from the Women's Prison* (1983) erzählt von dem Moment an, als die Polizei an ihre Tür klopfte, bis zu den Besuchen im Gefängnis, nachdem sie selbst bereits entlassen war, über ihre Gedanken und Beobachtungen der Mithäftlinge, eine Mischung von Marxisten, Intellektuellen, islamischen Konservativen und Fundamentalisten. Sie schrieb auf Toilettenpapier und stellte das Buch nach ihrer Haft fertig. Ihre atmosphärische Erzählweise vermittelt ihre Ungewissheit darüber, ohne Begründung im Gefängnis gelandet zu sein. Die brutalen Haftbedingungen und das völlige Fehlen von Gerechtigkeit werden deutlich, aber auch die Güte, die Gemeinschaft und die Verbundenheit der eingesperrten Frauen untereinander, die einander halfen, mental gesund zu bleiben, bessere Haftbedingungen zu erwirken und der Gewalttätigkeit des Staats zu entgehen.

3-SEKUNDEN-BIOGRAFIE
NAZRA FOR FEMINIST STUDIES
seit 2007
Ägyptische Organisation für Frauenrechte

WOMEN HUMAN RIGHTS DEFENDERS COALITION
seit 2008
Netzwerk, fördert und schützt weltweit die Frauenrechte.

HARASSMAP
seit 2010
Website, die sexuelle Belästigung darstellt, um die Offline-Mobilisierung anzukurbeln.

30-SEKUNDEN-TEXT
Chitra Nagarajan

2008 gewann Nawal el Saadawi den Prozess gegen die Al Azhar Universität, die ihr Glaubensabfall und Ketzerei vorwarf.

1989
Die Zeitschrift *Puncture* bringt „Women, Sex and Rock and Roll", das erste Manifest der Bewegung

1990
Die Punkmusikerinnen Allison Wolfe und Molly Neuman veröffentlichen das Magazin *Girl Germs*

1991
„Your Dream Girl", das erste Radioprogramm für junge Frauen mit Moderatorin Lois Maffeo läuft beim Sender KAOS im US-Bundesstaat Washington. Bei der Pop Underground Convention spielen 50 Bands an sechs Tagen, hautptsächlich im DIY-Stil

1991
Molly Neuman, Allison Wolfe, Kathleen Hanna und Tobi Vail bringen ein neues Magazin heraus: *Riot Grrrl*. Das Benefizkonzert Rock for Choice findet zur Unterstützung der Pro-Choice- und der Frauenrechtsbewegung statt und zieht anschließend bis 2001 durch Dutzende von Städten durch die USA und Kanada

1992
Erika Rienstien und May Summer gründen Riot Grrrl Press, ein Archiv für Magazine und Vertriebsnetzwerk

1992
Die Medien wenden in Fehleinschätzung von Riot Grrrl den Begriff ohne Beachtung ihrer Botschaft auf alle Rockbands mit Frontfrauen an, was Protest aus der Bewegung hervorruft

2000
2000 Besucher kommen zum Ladyfest, einem DIY-Festival für Feministinnen, Frauenbands, Künstlerinnen und Dichterinnen, das später von Frauen weltweit adaptiert wird

2014
Viele Riot Grrrl-Bands wie Sleater Kinney, Bratmobile und L7 formieren sich neu, bringen Alben heraus oder gehen auf Tour

RIOT GRRRL

In den USA dominierten Männer die Rock- und Punkszenen der 1980er Jahren. Frauen mussten sich ihren Platz im Moshpit regelrecht erkämpfen, Gegrabsche und andere Übergriffe waren üblich. Die Riot Grrrl-Bewegung verlangte Platz für Frauen. Das Riot Grrrl-Manifest (1991) begann mit den Worten: „WEIL wir Mädchen uns nach Platten, Büchern und Fanzines sehnen, die UNS ansprechen, in denen WIR uns mit eingeschlossen und verstanden fühlen." Bands wie Bikini Kill, Bratmobile, Heavens to Betsy, L7, Le Tigre, Sleater Kinney und The Slits sagten mit ihrer Musik dem Sexismus den Krieg an, sie sangen über Gewalt, Sexualität und Rassismus.

Junge Frauen in Kanada, Europa und den USA trafen sich, schufen Kunst und planten politische und musikalische Aktionen und Zines – kleine Magazine, meist von einer oder wenigen Personen produziert und mit begrenzter Auflage. Feministische Zine-Kultur trat einer langen Tradition von Selbstpublikationen bei, die es Frauen erlaubte zu schreiben und Gedanken zu verbreiten, die sonst unbeachtet geblieben wären. Dass Tausende von Mädchen Zines schrieben, teilten und lasen, verband das Persönliche mit dem Politischen. Es ging um Erfahrungen und Probleme mit Abtreibung, Gewalt, Körperwahrnehmung und Sexualität.

Junge Frauen trafen sich regional oder zu großen Konferenzen und Basistreffen, sie verteidigten das Recht auf Abtreibung, prangerten Gewalt gegen Frauen an und demonstrierten gegen die Behandlung von Anita Hill, die den Supreme-Court-Kandidaten Clarence Thomas unter Eid beschuldigte, sie sexuell belästigt zu haben. Die Bewegung bemühte sich um Diversität, wurde aber dafür kritisiert, hauptsächlich aus weißen Mädchen und Frauen aus der Mittelschicht zu bestehen.

Männliche Fans und Musiker attackierten Riot Grrrl und verunglimpften die Bewegung, in den Mainstream-Medien kam sie kaum vor oder wurde dort verdreht dargestellt und lächerlich gemacht. Mitte der 1990er wurde ihre radikale Botschaft von der Musikindustrie und Girl-Power-Bands übernommen worden. Die meisten Bands trennten sich, aber viele der Musikerinnen blieben weiterhin aktiv.

Die Zines gibt es auch heute noch, als Blogs, Printausgaben und Websites wie Tumblr. Riot Grrrls fortdauernder Einfluss zeigt sich in einer Generation von Künstlerinnen, Musikerinnen und Musikjournalistinnen. Festivals wie Ladyfest und Girls-Rock-Camps, bei denen erfahrene Musikerinnen Mädchen zwischen 8 und 18 beibringen, Instrumente zu spielen, Bands zu gründen und auf der Bühne zu performen, bringen auch weiterhin Frauen auf feministischer und DYI-Weise zusammen.

Gruppenbild der Riot Grrrl-Gruppe Voodoo Queens, London, 1992. Auf dem Bild Sind auch Anjali Bhatia und Ella Guru zu sehen.

Chitra Nagarajan

FEMINISTISCHE FÜHRUNG

in 30 Sekunden

Der feministische Aktivismus wird in der Öffentlichkeit häufig mit bestimmten Führungspersonen assoziiert. Der Feminismus selbst lehnt patriarchalische Führungsmodelle und -stile einschließlich Hierarchien, Arbeitsverteilung und Macht durch Dominanz und Autorität ab. Einzelne Führungspersonen soll es nicht geben, sondern flachere, demokratischere Prozesse oder Kollektive. So soll die Macht verteilt und alle Mitarbeiter gefördert werden. Die Umsetzung kann schwierig sein. Interne Konflikte können emotional anstrengender als sonst wo sein, werden häufig von einem tiefen Gefühl des Betrugs begleitet, politische Unterschiede werden schnell persönlich. In der Arbeitswelt gehen Feministen gegen Hierarchien an, machen Macht auf allen Ebenen sichtbar, demokratisch, rechtmäßig und verantwortlich. Sie setzen sich für flachere Machtstrukturen und für gemeinsam getroffene Entscheidungen durch Konsensbildung ein. Es ist ein feministisches Anliegen, dass alle Mitarbeiter sich respektiert und geschätzt fühlen, dass inklusive, diverse, gemeinschaftliche und positive Räume geschaffen werden, dass Empathie eine Rolle spielt, dass Sexismus, Rassismus, Behindertendiskriminierung, Heterosexismus und Ausgrenzung aufhören. Sie fördern und stärken Kollegen.

3-SEKUNDEN-ANRISS
Der Feminismus wendet sich gegen Machthierarchien und patriarchalische Führungsmodelle in allen Bereichen des Lebens.

3-MINUTEN-INFO
Viele Gruppen lehnen Führungsmodelle als undemokratisch, bewertend, abwertend und machtkonzentrierend ab. Das Fehlen von Strukturen kann aber verbergen, wo sich die Macht befindet, die Entscheidungsfindung wird undurchsichtig. Jo Freeman spricht sich für demokratische Strukturen aus, wobei die Macht auf möglichst viele Personen für bestimmte Aufgaben verteilt werden sollte, die Aufgabenverteilung rotieren soll, Informationen und Ressourcen allen regelmäßig offenstehen.

VERWANDTE THEMEN
Siehe auch
BEWUSSTSEINSBILDUNG
Seite 62

INTERSEKTIONALITÄT
Seite 72

TAKTIKEN DER BEWEGUNG
Seite 138

3-SEKUNDEN-BIOGRAFIE
JO FREEMAN
1945–
Bürgerrechts- und Feminismus-Aktivistin, Politikwissenschaftlerin, Anwältin und Autorin von „The Tyranny of Structurelessness".

CREA
seit 2000
Organisation für Menschenrechte, steht für soziale Transformation unter feministischer Führung ein.

JASS
seit 2003
Globales, frauengeführtes Netzwerk für Menschenrechte.

30-SEKUNDEN-TEXT
Chitra Nagarajan

Feministische Führungskräfte kümmern sich um Wohl, Gemeinsinn und die Work-Life-Balance.

DIE FRAUEN AUS LIBERIA: EINE FRIEDENSBEWEGUNG

in 30 Sekunden

3-SEKUNDEN-ANRISS
Tausende Frauen verschiedenster Herkunft halfen, den 14 Jahre währenden Bürgerkrieg in Liberia durch gewaltlose Proteste und erzwungene Friedensverhandlungen zu beenden.

3-MINUTEN-INFO
Feministen deckten auf, dass die Kriegsmaschinerie hypermaskuline Männer und „wehrlose" Frauen benötigt. Viele Frauen, die für das Wahlrecht kämpften, waren Kriegsgegner. Frauen protestierten gegen Atomwaffen und Wehrpflicht, Tausende zwischen 2010 und 2011 für ein Ende des Bürgerkriegs an der Elfenbeinküste. Konflikte wie im früheren Jugoslawien oder in Israel / Palästina und Nordirland führten Frauen über alle Unterschiede hinweg in Kooperationen für den Frieden zusammen.

Liberias Bürgerkriege kosteten zwischen 200.000 und 250.000 Menschen das Leben und vertrieben weitere 1,5 Millionen. Der Kämpfe müde, kamen Frauen aus unterschiedlichen sozialen Schichten unter der Führung von Leymah Gbowee, Asatu Bah Kenneth und anderen zusammen. Sie verkündeten den Sexstreik aller Frauen bis zum Ende des Kriegs. Tausende von weißgekleideten Frauen bildeten Sitzblockaden an Wegen, die der Präsident Charles Taylor und die Opposition nahmen, und überredeten sie zu Friedensverhandlungen in Ghana. Die Frauen vermittelten zwischen den Parteien und verhandelten die Positionen. Wochen vergingen, die Kriegsfürsten rangelten um die Macht, die Gewalt eskalierte. Die Frauen wurden immer besorgter. Sie verbarrikadierten die Türen der Verhandlungsräume, drohten, sich nackt auszuziehen und stellten den Delegierten ein zweiwöchiges Ultimatum für ein Friedensabkommen – dann würden sie selbst handeln. Zwei Wochen später war der Friedensvertrag unterzeichnet. Die Frauen kümmerten sich um Kindersoldaten, drängten Kämpfer dazu, ihre Waffen abzulegen und setzten sich für die Wahl von Ellen Johnson Sirleaf ein, der späteren ersten Präsidentin in Afrika. Die Massenaktion endete nach zweieinhalb Jahren. Die Frauen aber schworen, sie werden wieder einschreiten, sollte ihr Land sie brauchen.

VERWANDTE THEMEN
Siehe auch
FRAUEN IN UNABHÄNGIGKEITSBEWEGUNGEN
Seite 52

DIE MÜTTER DER PLAZA DE MAYO
Seite 104

DER AUFSTAND DER ABA-FRAUEN
Seite 140

3-SEKUNDEN-BIOGRAFIE
LEYMAH ROBERTA GBOWEE
1972–
Eine Anführerin der Bewegung, Mitgründerin des Netzwerks Women in Peace and Security, erhielt den Friedensnobelpreis.

ASATU BAH KENNETH
seit 2000–
Gründerin der Liberian Muslim Women's Organzatrion, unterwies die Polizei darin, Frauensicherheit ernst zu nehmen.

30-SEKUNDEN-TEXT
Chitra Nagarajan

Die teilnehmenden Frauen der Friedensbewegung wurden für ihre Gewaltfreiheit gelobt.

PUSSY RIOT

in 30 Sekunden

Zentrale Themen des Pussy-Riot-Feminismus, der 2011 in Russland gegründet wurde, sind die Verfechtung von Gender-Normen durch das Regime und der Widerstand gegen den Totalitarismus. Die Mitglieder verbinden den Kampf gegen diskriminierende Politik – einschließlich der Abtreibungsrechte und Diskriminierung von LGBTQI-Menschen – mit der Kritik an Präsident Putins Regierung. Sie vertreten die Ansicht, dass nur starke, illegale Aktionen Medienaufmerksamkeit und somit öffentliches Interesse erzielen und veranstalten Guerilla-Auftritte in öffentlichen Räumen, einschließlich Kirchen, Luxusgeschäften, in der U-Bahn oder auf dem Roten Platz. Videos ihrer Auftritte und Songs sind kostenlos zum Download aus dem Internet verfügbar. Die Textinhalte reichen von der Beschwörung der Jungfrau Maria, eine Feministin zu werden, um den Kampf zu unterstützen, über Aufrufe zum Wahlboykott und zu Steinwürfen bei Straßenkämpfen bis hin zum Widerstand gegen die Polizeibrutalität und das korrupte Strafrechtssystem. 2012 wurden drei Mitglieder festgenommen und wegen Hooliganismus verurteilt. Sie hatten gegen Russlands Unterwürfigkeit gegenüber der Kirche, der traditionellen Sicht der Kirche auf Frauen und gegen die Kirchenführer, die Putin unterstützen, demonstriert.

VERWANDTE THEMEN
Siehe auch
TAKTIKEN DER BEWEGUNG
Seite 138

#FEMINISMUS
Seite 152

3-SEKUNDEN-BIOGRAFIE
JEKATERINA SAMUTSEWITSCH MARIA ALECHINA UND NADESCHDA TOLOKONNIKOWA
1982–, 1988–, 1989–
Nach Kritik an der Frauenfeindlichkeit der orthodoxen Kirche und an Präsident Putin wegen Hooliganismus verurteilt.

PJOTR WERSILOW, OLGA PACHTUSOWA, OLGA KURASCHOWA, VERONIKA NIKULSCHINA
1987, 1992–, 1993–, 1997–
Rannten während der WM 2018 aufs Spielfest und protestierten gegen den Staat.

30-SEKUNDEN-TEXT
Chitra Nagarajan

Die Verhandlungen gegen Pussy Riot werden weltweit verdammt – von Regierungen bis zu Menschenrechtsaktivisten.

3-SEKUNDEN-ANRISS
Russisches feministisches Punk-Kollektiv, das die Machthaber, den religiösen Konservatismus und die wirtschaftliche Ungerechtigkeit anprangert. Verlangt Bürger-, politische und ökonomische Rechte.

3-MINUTEN-INFO
Nadeschda Andrejewna Tolokonnikowa, ein Pussy Riot-Mitglied, nennt ihre Performances regimekritische Kunst oder politische Aktionen in Kunstform. Kultureller Aktivismus beeinflusst und erschafft Kunst, Bücher, Filme, Musik und Theater und kann individuelle und gesellschaftliche Ansichten ändern. Durch ihn lassen sich alternative Meinungen ausdrücken und dominantes Erzählgut in Frage stellen. So entsteht, was die feministische Herausgeberin Biki Bakare-Yusuf das Archiv der Zukunft nennt.

#FEMINISMUS

in 30 Sekunden

3-SEKUNDEN-ANRISS
Online und Offline fließen immer mehr ineinander und das Internet ist sowohl Ort für Gewalt, als auch für Aktivismus, Widerstand und Bewegungsgründung.

3-MINUTEN-INFO
Überwachung durch die Regierung oder andere Gremien und digitale Sicherheit sind feministische Themen. Frauen müssen informierte Entscheidungen darüber treffen können, welche Informationen über sie online verfügbar sind, vor allem vor dem Hintergrund, dass die Technologie sich dazu einsetzen lässt, Frauen zu beobachten, ihre Rechte einzuschränken und Verfechter von Frauenrechten einzuschüchtern.

Cyberstalking, Vergewaltigungs- und Todesdrohungen, Verbreitung intimer Bilder ohne Einwilligung. Das Internet wird dazu verwendet, Frauen und Mädchen zu erniedrigen und zu kontrollieren. Aber Aktivisten arbeiten an #imagineafeministinternet, das Feministen und queere Menschen in Entscheidungen und Technologien einbezieht, das Internet ist nicht in den Händen einer Handvoll Konzerne. Online-Räume werden im Kampf gegen das Patriarchat und gegen Gewalt zu einer digitalen Bewusstseinsbildung genutzt, wie mit den Hashtags #Everyday-Sexism und #BeingFemaleinNigeria. 2015 entstand in Brasilien #MeuPrimeiroAssedio (#MeineErste-Belästigung). Frauen teilten online (und offline) ihre Geschichten, in einigen zentral- und südamerikanischen Ländern trugen sie ihren Protest auf die Straße. Seit 2005 veröffentlichen viele Frauen ihre Erfahrungen mit sexueller Gewalt über #MeToo. 2017 verloren daraufhin einige mächtige Männer ihre Jobs, eine globale Diskussion wurde ausgelöst. Das chinesische Erziehungsministerium sagte zu, Maßnahmen zur Verhinderung von Belästigung einzuführen, Gesetzgeber erwägten eine Erweiterung des chinesischen Zivilgesetzbuchs. Die Kritik besteht, dass diese Hashtags hauptsächlich für Frauen aus Eliten sind, aber die sozialen Medien bieten für alle viele Gelegenheiten, sich auszutauschen und etwas über Intersektionalität zu erfahren, zum Beispiel bei #GirlsLikeUs.

VERWANDTE THEMEN
Siehe auch
DER AUFSTIEG DES ONLINE-FEMINISMUS
Seite 32

BEWUSSTSEINSBILDUNG
Seite 62

INTERSEKTIONALITÄT
Seite 72

3-SEKUNDEN-BIOGRAFIE
FEMINIST PRINCIPLES OF THE INTERNET
gegründet 2014
Entwickelt von Aktivisten aus sechs Kontinenten, zur Integration von Gender- und Sexualanliegen im Internet.

TAKE BACK THE TECH
gegründet 2006
Globale Kampagne gegen technikunterstützte Gewalt gegen Frauen und Mädchen.

30-SEKUNDEN-TEXT
Chitra Nagarajan

Feministischer Online-Aktivismus leistet einen Beitrag für ein verlässliches Internet.

QUELLEN

BEWEGUNGEN UND WEBSITES

Bitch Media
BitchMedia.org

Blackfeminisms.com

Digital Feminism
digitalfeminism.co.uk

Domestic Worker's Bill of Rights
https://labor.ny.gov/legal/domestic-workers-bill-of-rights.shtm

Feminist Principles of the Internet
feministinternet.org

Feministing
feministing.com

Finally Feminism 101
finallyfeminism101.wordpress.com

Genderqueer.me

Grassroots Feminism
www.grassrootsfeminism.net

International Civil Society Action Network
www.icanpeacework.org

Ms. Magazine
msmagazine.com

National Organization of Women (NOW)
now.org

National Woman's Party (NWP)
www.nationalwomansparty.org

National Women's Hall of Fame
www.womenofthehall.org

Rise Up!
riseupfeministarchive.ca

Take Back the Tech
www.takebackthetech.net

The Body is Not an Apology (TBINAA)
thebodyisnotanapology.com

The Everyday Sexism Project
everydaysexism.com

Women Human Rights Defenders Coalition
www.defendingwomen-defendingrights.org

Women in Black
womeninblack.org

Women's International League for
Peace and Freedom
wilpf.org

Women's Media Center
www.womensmediacenter.com

BÜCHER & ESSAYS

Ain't I A Woman
bell hooks
(Pluto Press, 1987)

African Sexualities
Hrsg. Sylvia Tamale
(Pambazuka Press, 2015)

Black Feminist Thought
Patricia Hill Collins
(Routledge, 2008)

Black on Both Sides: A Racial History of Trans Identity
C. Riley Snorton
(University Of Minnesota Press, 2017)

Encyclopedia of Gender and Society
Hrsg. Jodi O'Brien
(SAGE Inc., 2009)

Everyday Sexism
Laura Bates
(Simon & Schuster, 2014)

Feminism Without Borders
Chandra Talpade Mohanty
(Duke University Press Books, 2003)

In Her Own Right: The Life of Elizabeth Cady Stanton
Elisabeth Griffith
(Oxford University Press, USA, 1985)

Invisible Lives: The Erasure of Transsexual and Transgendered People
Viviane K. Namaste
(University of Chicago Press, 2000)

Not that Bad
Roxane Gay
(Harper Perennial, 2018)

Pornography
Andrea Dworkin
(The Women's Press Ltd, 1981)

Queer African Reader
Hrsg. Sokari Ekine und Hakima Abbas
(Pambazuka Press, 2013)

Revolting Prostitutes: The Fight for Sex Worker's Rights
Molly Smith und Juno Mac
(Verso Books, 2018)

Sexual Politics
Kate Millett
(Virago, 1977)

The Body is Not an Apology
Sonya Renee Taylor
(Berrett-Koehler, 2018)

The Cause
Ray Strachey
(Virago, 1978)

QUELLEN (fortges.)

The Feminist Revolution
Bonnie J. Morris und D-M Withers
(Smithsonian Books, 2018)

'The Tyranny of Structurelessness'
Jo Freeman
www.jofreeman.com/joreen/tyranny.htm

Trans Kids
Tey Meadow
(University of California Press, 2018)

Transgender History
Susan Stryker
(Seal Press, 2017)

Understanding Trans Health
Ruth Pearce
(Policy Press, 2018)

Women Against Fundamentalism
Hrsg. Sukhwant Dhaliwal und Nira Yuval-Davis
(Lawrence & Wishart, 2014)

Yes Means Yes
Jaclyn Friedman
(Avalon Publishing Group, 2008)

Yes, You Are Trans Enough
Mia Violet
(Jessica Kingsley Publishers, 2018)

ÜBER DIE AUTOREN

HERAUSGEBERIN

Jess McCabe ist ehemalige Herausgeberin der einflussreichen feministischen Website *The F-Word* und mehrfach ausgezeichnete Journalistin. Sie schreibt für *The Guardian*, *Women's eNews* und das *Bitch Magazin* über Gender-Themen, Nachhaltigkeit und Wohnen. Sie war IBP-Journalistin des Jahres 2013 und Feuilletonistin des Jahres 2018.

DIE AUTOREN

Veronica I. Arreola ist Berufsfeministin, Autorin und Mutter. Ihr Fachgebiet ist die Diversität in Wissenschaft und Technik.

Laura Bates ist eine englische, feministische Aktivistin und Autorin. 2012 gründete sie das Everyday Sexism Project. Sie schrieb *Everday Sexism, Girl Up* und *The Burning*.

Red Chidgey ist Dozentin für Gender und Medien am King's College in London und Autorin des Buchs *Feminist Afterlives* (Palgrave, 2018).

Shannon Harvey bekam ein Gefühl für Feminismus, als sie durchsetzte, dass sie wie die Jungs bei einem Picknick der Sonntagsschule Jeans tragen durfte. Ihr Feminismus entwickelt sich seitdem stetig weiter. Sie arbeitete in London mit Betroffenen von häuslicher Gewalt und ist heute in New York Fundraiserin für reproduktive Gerechtigkeit.

Os Keyes ist Doktorand an der University of Washington, wo er Gender, Informatik und virtuelle und physische Infrastruktur studiert. Er ist ein Ada-Lovelace-Stipendiat mit einer Homepage: https://ironholds.org.

Gillian Love ist eine feministische Forscherin mit Schwerpunkt auf Schwangerschaftsabbrüchen. Ihren Doktor machte sie an der University of Sussex, wo sie Soziologie und in der Genderforschung lehrt. Sie schreibt über Frauen, die Erfahrungen mit Schwangerschaftsabbrüchen haben.

Nadia Mehdi arbeitet mit den Traditionen von feministischer Philosophie und der Philosophie der Rassen. Sie lehrt an der University of Sheffield, GB, und an Schulen. Aktuell forscht sie über Unterdrückung und Widerstand an unseren kulturellen Randbezirken.

Chitra Nagarajan ist Aktivistin, Forscherin und Autorin von Werken über Menschenrechte und Friedensbildung. Sie beteiligt sich an feministischen, antirassistischen, antifundamentalistischen und queeren Bewegungen. Auch gehört sie zu den Herausgeberinnen der *Feminist Dissent*, einem akademischen Journal für Gender- und fundamentalistische Themen, außerdem von *She Called Me Woman: Nigeria's Queer Women Speak*.

Minna Salami ist Autorin, Kritikerin und Sprecherin, außerdem Gründerin des ausgezeichneten Blogs Ms Afropolitan, der Feminismus mit kritischen Reflexionen über zeitgenössische Kultur aus afrikanischer Perspektive verbindet. Sie hat Beiträge im *The Guardian*, CNN und BBC, spricht für die EU und die UN. Ihr erstes Buch, *Sensuous Knowledge*, kommt 2020 heraus.

Sarah Tobias ist stellvertretende Direktorin des Instituts für Frauenforschung an der Rutgers University und Fakultätsmitglied der Abteilung für Frauen- und Gender-Forschung. Sie hat in Politikwissenschaften an der Columbia University (USA) promoviert und besitzt einen Bachelorabschluss in Geschichte an der Cambridge University (UK).

INDEX

DANKSAGUNGEN

DIE HERAUSGEBERIN
Mein herzlicher Dank geht an Chitra Nagarajan, Jennifer Pozner und Helen G., die dieses Buch inhaltlich mitgestaltet haben.

BILDRECHTE
Der Verlag bedankt sich für die Erlaubnis, das Bildmaterial folgender Seiten veröffentlichen zu dürfen:

Alamy/ClassicStock: 61M; Dino Fracchia: 19M, 81BM; Everett Collection Historical: 61B (L–R); Historic Images: 141U; ITAR-TASS News Agency: 151 M&MR; Keystone Press: 81U; The Picture Art Collection: 45U, 53ML; Pictures Now: 61UL; RosalreneBetancourt 10: 104; ZUMA Press, Inc.: 50.

Dreamstime/Donpat: 141U.

Getty Images/Corbis Historical: 121M; David Degner: 143M; DEA Picture Library: 45OR; Hannelore Foerster: 34; Hulton Deutsch: 83M; Jack Mitchell: 124; Jean-Claude FRANCOLON: 93M; John Minihan: 83U; Martyn Goodacre: 144; PIUS UTOMI EKPEI: 149U; Sunset Boulevard: 65M; Teenie Harris Archive/Carnegie Museum of Art: 119ML; William Foley: 84.

Library of Congress, Washington D.C. 9UM, 9M, 17UM, 17M, 37MR, 47OR, 47MR, 49MR, 49ML, 63M (hoofdillustratie); 63U, 73OL, 73UL, 73UR, 91MR, 91M, 99U, 119UR, 123U,123OM, 123ML, 129U; /Historic American Buildings Survey: 47U; /Fred Palumbo: 61UR.

Peter H. Raven Library/Missouri Botanical Garden: 101M.

The Royal Łazienki Museum/Andrzej Ring: 55M (hoofdillustratie).

Shutterstock/005th: 83U; 3dpic: 290M; 7Crafts: 2M, 39M; Africa Studio: 83U; Ahturner: 107MR; Akin Ozcan: 111OR; alexandre zveiger: 153U; Alexandros Michailidis: 29O, 127MR; Alex Leo: 153OR; Alex Volot: 101M; Algol: 31UM; AlisaNata: 119OM; Amelia Fox: 109OM; Andrey Eremin: 63ML; Angel Soler Gollonet: 25UM; Annmarie Young: 21U; Anton Watman: 61UM; ArtaKM: 37MLO; Artush: 61ML; Arun Benjamin Christensen: 75OR; Asier Romero: 113UL; Asymme3: 63MR; Avivi Aharon: 89MR; aykutkoc: 31M; Axel Bueckert: 127U; Billion Photos: 21ML&R; Brett Allen: 23UM; Byelikova Oksana: 19O; Cactus Studio: 121M(logo); Cagkan Sayin: 61ML; chanafoto: 65MR; Chekmareva Irina: 27UL; Christian Bertrand: 23M; Christina Li: 107M; Claudio Divizia: 113OMR(maan); Cory Seamer: 89UM; Crazy nook: 25OR; cristi 180884: 99M; Darrin Henry: 123MR; David Carillet: 25OL; David M. Schrader: 101U; Denis Kuvaev: 109OL; Designs Stock: 109MR; Digital Storm: 27MR; Dja65: 67U; Dmitriy Maiorescu: 133UM; doddis77: 23UO; durantelallera: 6M, 89UM, 139M; Elena Ray: 119OM; Eleonora_os: 109M; Ensuper: 29M, 31U; EPG_EuroPhotoGraphics: 127U; ESB Professional: 2MR, 39MR, 87OR; Everett Collection: 19MR, 25M, 25UM, 27L, 27M, 27R, 33UM, 37U, 37UO, 37ML, 55LM, 65OR, 65OL, 71UR, 71M, 73UM, 73OM, 73OR, 75OR, 81M, 87M, 93UM, 99M,101ML, 101MR, 119UL,
131M, 133M; Everett Historical: 9UO, 9UL, 17UO, 17UL, 31M, 45OL, 47M, 47ML, 49M, 103UL, 103UR; Expensive: 25OM; Fabian Plock: 149ML; fixeroo: 101OU; Flashon Studio: 113OR; Fosin: 133ML, 133MR; g-stockstudio: 55MR; Galyna_P: 19UO; Gelpi: 103M; Gencho Petkov: 67U; German Nareklishvili: 29OMR, 29OML; GSK919: 75OR; gladder: 149OL; graphixmania: 87MU; grebeshkovmaxim: 131M; GreenBelka: 127O; hans.slegers: 81OL; IgorGoloniov: 91UL; Image Flow: 25OR; Imageman: 99OM; India Picture: 2MR, 39MR, 113M; Irina Levitskaya: 89M; Istvan Csak: 81MR; iunewind: 27M; ixpert: 153M (globe); Jacob Lund: 6UR, 67OM, 139UR; Janusz Pienkowski: 53MR; javarman: 33UO; Jemastock : 151O; john dory: 127M; John Gomez: 29ML; jorisvo: 103M; jumpingsack: 65OL; Kathy Hutchins: 68; Ken Wolter: 89OU; Krafted: 33OM; Ksenija Toyechkina: 2U, 39U; lev radin: 153M; Ljupco Smokovski: 2ML, 39ML, 55L(R); Lucian Coman: 103MR; lynea: 131O; Lyudmila2509: 19UM; Meranda19: 109MR; MJTH: 111M; michaelheim: 6UM, 139UL; michaeljung: 2M, 2UM, 2UL, 39M, 39UM, 39UL, 87OL, 107MR; 107UR, 113OL; Michael Steden: 63ML; Mina Tepes: 55L; Morphart Creation: 119U; mrwebhoney: 153MR; Naypong Studio: 67ML, 67MR; Neirfy: 23U; Neo Tribbiani: 47OL; New Africa: 21O, 127ML, 143U; nexus 7: 81OR; NY-P: 65UL; nobeastsofierce: 143UO; Olena Boronchuk: 21U, 121OM; orlontrail: 111U; OSTILL is Franck Camhi: 33UM, 109OR; oksana2010: 65ML; Ozaiachin: 25U; PAKULA PIOOR: 71UL; patpitchaya: 67U; pernsanitfoto: 153M; PILart: 107U; photka: 153U; Photomontage: 27ML; Prostock-studio: 153U; PT Images: 21M; Radha Design: 131M; Raevsky Lab: 6OM, 139OM; Ramona Heim: 103M; Rashad Ashur: 63OR; Ratchawoot: 33U; Rawpixel.com: 11, 147 (outer hands), 153U; Richard van der Gpuy: 6UM, 139UM; Rich Koele: 75U; Rob Leyland: 89ML; RODINA OLENA: 31UM; rook76: 9UM, 17UM; Sabphoto: 27U; Samuel Borges Photography: 6ML, 81ML, 139ML; sanjagrujic: 67M; Sergei Bachlakov: 29UR; Sergey Ogaryov: 153OR; SF photo: 121UM; Shams Suleymanova: 101UL, 101UR; sirtravelalot: 103U; SoRad: 11M, 147M; Spaskov: 107UM; staras: 67UM; Stas Malyarevsky: 19UM; Stefan Nielsen: 151U; Stocksnapper: 49O; studiovin: 61MR; Sunflowerr: 25OL; SvetlanaFedoseyeva: 109MO; szefei: 55ML, 55L, 107ML, 113UR; takayuki: 107ML; Tanya Syrytsyna: 63O; the palms: 101M; trekandshoot: 61ML; Vector Posters and Cards: 61MR; Victoria 'Tori' Meyer: 113U; Viktoria Bykova: 111O; Voin_Sveta: 131UM, 133UM; wavebreakmedia: 55OM, 107OM; Webicon: 103OL, 103OR; Wlad74: 27U; wong sze yuen: 2MUR, 39MUR; xiaorui: 67UR; xmee: 93UM; xpixel: 107U; Yes - Royalty Free: 87OU; Yuriy Boyko: 55U; Zastolskiy Victor: 19UM; Zoltan Katona: 141UO; Zovteva: 31MR, 31ML; zydesign: 23OM.

Wellcome Collection/CC BY 4.0: 53U.

Wikimedia Commons/Internet Archive Book Images: 99U; Rod Waddington: 129M; Schmidt Kunstauktionen: 47U.

Alle Bemühungen wurden unternommen, um sämtliche Copyright-Inhaber ausfindig zu machen. Sollten Fehler oder Auslassungen in der obenstehenden Liste enthalten sein, so entschuldigt sich der Verlag dafür und wird dankbar alle nötigen Korrekturen in spätere Auflagen aufnehmen.